丰子恺缘缘三部曲

缘缘堂主

丰子恺与桐乡

徐玲芬 著

浙江文艺出版社

图书在版编目（CIP）数据

缘缘堂主：丰子恺与桐乡 / 徐玲芬著. —杭州：浙江文艺出版社，2021.12
（丰子恺缘缘三部曲）
ISBN 978-7-5339-6601-0

Ⅰ.①缘… Ⅱ.①徐… Ⅲ.①丰子恺（1898-1975）—生平事迹 Ⅳ.①K825.72

中国版本图书馆CIP数据核字(2021)第159040号

责任编辑　朱　立　谢园园
责任校对　陈　玲
责任印制　张丽敏
装帧设计　有品堂_刘　俊　张俊香
营销编辑　张恩惠

缘缘堂主——丰子恺与桐乡

徐玲芬　著

出版发行	浙江文艺出版社
地　　址	杭州市体育场路347号
邮　　编	310006
电　　话	0571-85176953（总编办） 0571-85152727（市场部）
制　　版	杭州天一图文制作有限公司
印　　刷	杭州富春印务有限公司
开　　本	880毫米×1230毫米　1/32
字　　数	177千字
印　　张	8.25
插　　页	2
版　　次	2021年12月第1版
印　　次	2021年12月第1次印刷
书　　号	ISBN 978-7-5339-6601-0
定　　价	45.00元

版权所有　侵权必究
（如有印装质量问题，影响阅读，请与市场部联系调换）

总　序

有情世界　有缘人生

丰子恺先生说过:"仔细想来,无论何事都是大大小小、千千万万的'缘'所凑合而成,缺了一点就不行。世间的因缘何等奇妙不可思议!"

确实如此。天地人,整个大千世界,缘,无所不在。遇见一个人、一本书、一个喜欢的作家,都是缘。读书是缘,写作也是缘。

丰子恺先生的故乡在浙江桐乡,位于沪、苏、杭三地的中央,杭嘉湖平原腹地,气候湿润,四季分明,自古人文荟萃,文化底蕴深厚,素有"鱼米之乡、丝绸之府、百花地面、文化之邦"的美誉,用丰子恺先生的话来说,桐乡"真是一个好地方"。

我是丰子恺先生的同乡,又是一个丰子恺迷,这是难得的缘分。记得20世纪80年代初,我刚入杭州大学中文系读书时,听同学讲起丰子恺先生的文章里写到我们桐乡这个地方，到了冬天，连乞丐身上都有一件丝绵袄。我当时真的很惊讶，也很自豪。作为全国有名的蚕桑之乡、丝绸之府，桐乡农村几乎家家户户种桑养蚕，剥茧、缫丝、拉丝绵、翻丝绵被、穿丝绵袄，那是多么平常的事啊。可经丰先生这么一写，经同学这么一说，就感觉非同寻常了。

从那个时候开始，我热衷于读丰子恺先生的作品。记得我买的第一本丰先生的书就是《缘缘堂随笔集》，它也是我人生第一本藏书。如今已过去三十多年了，它依然是我的最爱，把它放在书架显眼处，时常拿来翻翻，真是百读不厌，历久弥新。

搜集丰子恺先生的作品自然成为我藏书的一个重点，包括丰先生早年出版的书，丰氏后人编辑出版的《丰子恺文集》《丰子恺全集》《丰子恺漫画全集》等，还有许多研究丰子恺生平和艺术的相关图书资料等。它们也成为我数十年来阅读与研究的重点。

研读丰子恺先生的作品，对我的创作有极大的启迪。我出版的第一部散文集《江南物事》，其写作灵感便是在读了丰子恺先生的随笔后激发出来的。这本书中写到的近百种有趣的江南物事，都是丰子恺先生笔下曾写到过的。2014年，我开始写"丰子恺与杭州"的故事。后来，这些故事集结成《门对孤山——丰子恺与杭州》一书。该书出版后，获得了第八届冰心散文奖。

写作此书给了我新的启示：丰子恺与杭州，一人与一城的情缘，深深影响了他一生的艺术走向。由此，我便着手写作另外两个对丰子恺先生一生影响深远的地方，那就是他生于斯、长于斯的故乡桐乡，以及他生活时间最长并在那里取得巨大成就的上海。于是，就有了《缘缘堂主——丰子恺与桐乡》和《日月楼中——丰子恺与上海》这两本书的问世，与《门对孤山——丰子恺与杭州》构成了"丰子恺缘缘三部曲"。

从桐乡石门湾到杭州，又到大上海，三地都留下了丰子恺先生一生中重要的生活印痕和文化足迹。所谓"一方水土养一方人"，特定的地域特色，或多或少影响并使其形成了独特的艺术路径。丰子恺先生与这三地的情缘，各具特色，各有侧重。如果说，桐乡石门湾是他的诞生地，杭州是他的艺术启蒙地，那么上海则是他艺术人生的实践地，三者紧密相连，共同构成一个有机的整体。

可喜的是，无论是丰子恺的故乡桐乡、第二故乡杭州，还是他居住时间最久的上海，这些年来，在研究其生平和宣传、弘扬其艺术精神等方面，都非常重视，并自成多彩多姿的"丰景"。更重要的是，丰子恺先生的漫画人见人爱，他的随笔充满人间情味，他是艺术全才，获得普遍的赞誉，"丰迷"遍布海内外，"丰子恺热"长盛不衰。

数十年来，丰子恺先生的作品一直是畅销书，而研究丰子恺先生的专著也不胜枚举。如何推陈出新，以新的方式展现丰先生的另一面？"丰子恺缘缘三部曲"试图以史料为依据，以散文的笔调，以传记的方式，从丰子恺先生与桐乡、杭州、上海三地之间的不解之缘出发，叙述丰先生一生的轨迹，展现其艺术人生的风采，希望能从一个独特的视角，回望和解读丰先生的有情世界和有缘人生,这应该也是丰子恺研究工作中一个新的尝试。

"卖花人去路还香",追寻先生行走的人生踪迹,捡拾先生留下的艺术之花,歌咏赤子心,弘扬真善美,这实在是一个有意思的话题。

徐玲芬

2021年元月于浙江桐乡

前　言

石门湾　好地方

丰子恺出生在浙江省桐乡市石门镇，这个江南水乡小镇，孕育了一代艺术大家。他从江南小镇走出去，到了杭州、上海，到了香港、台湾，甚至走出国门，到日本游学。走出去，使他开阔了眼界，最终成长为享誉世界的艺术大师。但在走出去后，他并没有忘记哺育自己成长的家乡。当重回故乡后，他用自己的稿费建起了缘缘堂。从此，石门湾缘缘堂与丰子恺的名字紧紧连在了一起，也与《子恺漫画》《缘缘堂随笔》紧紧连在了一起，成为中国现当代别具一格的文化符号和地标。江南水乡古镇孕育了艺术家丰子恺，而丰子恺又将古镇人文发扬光大。一个人与一个地方，就这样相互成全，相互辉映。

"流光容易把人抛，红了樱桃，绿了芭蕉。"丰子恺先生早已作古，但他留给我们的文化遗产却历久弥新。他不仅留下了大量的文学艺术作品，更重要的是留下了宝贵的艺术思想和艺术精神，光芒永驻。他一生的文学艺术创作都与故乡密切相关，尤其是他笔下描绘的故乡风情画卷，从来没有因时光流逝而褪色。在他的故乡，他的影响深远而广大，以丰子恺命名的各类文化场馆、学校、画院等相继建成，融入丰子恺元素的各种宣传载体不断涌现。最令人欣喜的是，2020年，丰子恺艺术中心也在桐乡正式启动建设，不久的将来，在美丽的凤凰湖畔又将新添一处有内涵、有格调的人文风景，它也必将成为传承弘扬丰子恺艺术精神的文化新地标。还有，以丰子恺名义举办的各类展览、纪念、宣传等系列活动也丰富多彩，方兴未艾。因此，探寻丰子恺与故乡的人文艺术渊源，以及二者不可分割的情缘，也是研究丰子恺艺术人生的题中之义，具有重要的学术价值和深远的现实意义。

这些年来，写丰子恺先生的传记已经有很多了。本书将从"童年与故乡""游子思故园""红了樱桃，绿了芭蕉""梦回缘缘堂""咫尺天涯""笔下的故乡风情""留给故乡的印记"等七个篇章，书写丰子恺与故乡一生的情缘。立足"故乡"这个角度，来书写这位艺术家的缘缘人生。作为丰子恺的同乡后辈，我希望通过本书表达对这位前辈的深深敬意，也期待更多的人走近大师，了解大师背后"风雅桐乡"的深厚内涵和文化基因，从而激发起大家对这片土地的无限热爱之情。桐乡本是凤凰家，我自爱桐乡！

阅读丰子恺有N种方式，但有一点应该是共通的，读过《缘缘堂随笔》，看过《子恺漫画》，许多人都会自然而然地喜欢上丰子恺，情不自禁地想：先生道出了我的心声呢。这就是丰子恺先生的魅力！这便是与丰子恺先生的特别缘分，这种缘分，是那样广大博爱，始终围绕着我们。读他的文章、看他的漫画，不经意间，你就会发觉他就在你身边，同你说着心事、家事，他是那样真心，没有一点做作。他是艺术家，但他更像是你的邻里乡亲。他与人亲，他笔下的孩子，那么可爱可亲，他笔下的阿庆们，也像你身边的邻居，连他身边的猫也看着亲。

丰子恺先生用他的艺术人生，真情诠释了"我自爱桐乡"的文化自觉。他说："走了五省，经过大小百数十个码头，才知道我的故乡石门湾，真是一个好地方。"桐乡石门湾，是丰子恺先生的诞生地。现在，让我们把目光聚焦于丰子恺的家乡，一起走近这位艺术大师，一起来品读他的艺术初心和缘缘人生。

徐玲芬
2021年元月于浙江桐乡

目录

第一章
童年与故乡

- 003 · 垒石为门
- 012 · 石门丰氏
- 019 · 三岁玉儿
- 024 · 学童时代
- 033 · 省城投考

第二章
游子思故园

- 039 · 杭城求学乡思浓
- 051 · 教书育人两奔忙
- 065 · 辞职还乡

第三章
红了樱桃，绿了芭蕉

- 073 · 一支笔，建起缘缘堂
- 079 · 缘缘堂风情
- 089 · 缘缘堂随笔

第四章
梦回缘缘堂

- 099 · 辞缘缘堂
- 103 · 萍乡之恸
- 107 · 千里故乡客梦远
- 112 · 崇德书店
- 120 · 江南春尽日西斜

| 126 ○ 沙坪小屋与小同乡
| 131 ○ 胜利还乡家何在
| 137 ○ 他乡无好酒，不如归

第五章
咫尺天涯
| 143 ○ 拥抱新中国
| 148 ○ "地下活动"寄韶华
| 153 ○ 最后一次回故乡

第六章
笔下的故乡风情
| 161 ○ 故乡风物
| 178 ○ 故乡人物
| 202 ○ 故乡风俗

第七章
留给故乡的印记
| 219 ○ 魂归故里
| 222 ○ 故乡重建缘缘堂
| 230 ○ 凤凰湖畔的丰子恺艺术中心
| 234 ○ 潇洒"丰神"余韵长

247 ○ 参考书目
250 ○ 后记

第一章 童年与故乡

石门颂

长河如练越千年,吴越界碑遗迹传。
自古英雄争霸地,一湾玉带水连天。

丰子恺先生从出生到十七岁离开家乡去杭州读书之前的整个童年、少年时代，一直生活在故乡石门湾（今浙江省桐乡市石门镇）。这十多年的生活，对他一生影响深远。后来，他离开家乡多年，但他的心永远留在故乡这片热土上。可以说，在他心里，故乡的分量最重，故乡也是他以后在艺术创作中落笔最多、用情最深、最难以忘怀的地方。

垒石为门

"走了五省，经过大小百数十个码头，才知道我的故乡石门湾，真是一个好地方。"丰子恺这样深情地描述自己的故乡石门湾。那么，石门湾，究竟是怎样一个美好的所在？让我们一起走进这个丰子恺曾经生活过、书写过的江南小镇——石门。

一

石门，现属浙江省桐乡市，清时曾称玉溪，大运河流经该地转了一个120度的大弯，因此又称石门湾，简称石湾。这里得天独厚，交通便捷，人文风雅，历史文化底蕴深厚。

这里有七千多年前的罗家角遗址。今天，我们一日三餐吃着大米饭时，也许不会觉得稀奇。可是，设想一下，七千多年前，石门一地的先民们，就已开始种植水稻，也和我们一样吃大米饭，那就很神奇了。20世纪50年代，在浙江省桐乡市石门镇罗家角自然村，发现了一处新石器时代文化遗址，属马家浜文化类型，距今七千多年。2001年，罗家角遗址被国务院列入全国重点文物保护单位名单。罗家角遗址的发现，在中华文明史上意义非凡，它告诉我们，在距今七千多年前的新石器时代，在石门罗家角一带，就有先民种植水稻，饲养家畜，营建木结构房屋，在这里繁衍生息。罗家角，可以说是江南水稻的发源地。

这里有两三千年前的吴越文化。如果你站在石门镇上运河大转弯处那一块吴越界碑前，望一望千年的运河、逶迤而过的船队，听一听鸣笛声声，或许更能体会石门、石湾（石门湾）、玉溪这些名字的内涵。石门湾真是一个神奇的地方，运河走到这里，突然来了一个大转弯，而历史也在这里有过无数的转身，华丽的、落寞的、无情的、无奈的，惊喜的、惊叹的。一幕幕历史风云，在这个大转弯处演绎；一个个生动的背影，在这里来了又去了。

转身又看到一个小弄堂，名垒石弄。它写着石门一地古老的来历。相传，这里就是春秋时吴越两国分疆之处，弄之南属越，弄之北属吴。越王勾践在此垒石为门以防吴，吴也结寨于此以拒越，石夷门、垒石弄和石门镇的名字皆由此而来。想一想，两千多年前，这里竟是两国边界，跨一脚便出了国门。春秋无义战，当年，这里曾兵锋迭起，车马相逐，血流成河，百姓深受苦难。明代陈润的《石门故垒》诗曰："古塞千年尚有基，断横残石草离离。风烟不散英雄气，犹似吴兵百战时。""石门故垒"在清代曾被列为"桐溪八景"之一。

这里在宋时就有闻名遐迩的私家花园。宋室南渡后,康王赵构车驾常往还于石门道中,石门成为其驻跸之所。绍兴(1131—1162)年间,于石门驿基建行幄殿,即皇家行宫。同时,因石门地处水网之中,地势隐蔽,为避金兵,南渡的士大夫都选择在此建造房屋居住,其中最有名的是施州(今湖北

垒石弄一角(徐盈哲 摄)

石门湾古吴越疆界碑(徐盈哲 摄)

恩施）刺史张子修、迪功郎张汝昌所建的东园、西园。《千家诗》收录的戴敏《初夏游张园》诗云："乳鸭池塘水浅深，熟梅天气半晴阴。东园载酒西园醉，摘尽枇杷一树金。"写的就是石门的东园、西园。时过几百年，张氏东园、西园早已湮灭无痕迹。就在人们早已遗忘的时候，历史再一次被提起。2003年，石门中学建造新校舍，在建筑工地发掘出假山石数十块及鹅卵石铺的道路，经文物部门专家认定，这里正是南宋时的张氏东园遗址。曾经的东园、西园，起承转合之间，昭示了一个信息：石门，这个古吴越争霸之地，到南宋时期已成奢华富贵之乡。石门湾，也折射出宋室南渡的历史。

这里在清时有皇家的行宫。康熙、乾隆两位皇帝先后巡行江南，坐龙舟浩浩荡荡沿运河南下，到了石门这个地方，便在石门大营暂歇。据史料记载，乾隆六次南巡均曾在石门大营驻跸。清施钟成《玉溪杂咏》云："翠华六幸有行宫，官柳丝丝汉苑同。莫道烟痕太消瘦，当年曾系玉花骢。"可以想见，当时龙舟凤船，逶迤驶过石门湾，好不壮观。乾隆南巡大营，俗称营盘头，在石门东高桥外二里处，清咸丰时毁。20世纪70年代平整土地时，还发现大营基地的阴沟等设施，另有"大营界石"界碑。到了20世纪80年代，大营基地旧址上曾建有石门丝厂。旧迹依稀可寻，往事并不如烟。

一个运河小镇，曾与两朝帝王紧密联系，幸莫大焉。可以想见，随着这么多官船、官员前来石门，连带而来的生产、生活的变化，农、工、商、服务业的兴起，以及市政设施的建设，都是自然而然的。石门，真的是一个有太多故事、历史底蕴深厚的好地方。

然而，经过一次次战乱，旧日的辉煌，湮于尘埃，曾经的热闹，归于寂寥。石门，在清末后相当长时间里，渐渐冷落了。直到新中国成立后，城镇建设、市井烟火才逐步得到恢复。

二

石门，是江南佳丽地、富贵安乐乡。

桐乡地处杭嘉湖平原腹地，素有"鱼米之乡、丝绸之府、百花地面、文化之邦"的美誉。丰子恺曾在《辞缘缘堂》一文中写到故乡的好，因得天时地利，堪称"安乐之乡"。此地离海边不远，四周都是大平原，境内河网密布，水陆调匀。这里四季分明，气候也宜人，冷暖变化缓和。春夏秋冬，渐渐推移，使人不知不觉。随着季节的变化，人们从夏衣、单衣、夹衣、絮袄（木棉的）、小绵袄（薄丝绵）到大绵袄（厚丝绵），逐渐递换，不经意间寒来暑往，循环成岁。"故自然之美，最为丰富，诗趣画意，俯拾即是。"丰子恺认为，其他许多地方，有的气候变化太单调，半年夏半年冬，脱了单衣换棉衣；有的气候变化太剧烈，一日之内有冬夏，捧着火炉吃西瓜，让人觉得很不习惯，都没有故乡好。因这里得"天时之胜"，一马平川的"大平原中没有一块荒地，全是作物。稻麦之外，四时蔬果不绝，风味各殊。尝到一物的滋味，可以联想一季的风光，可以梦见往昔的情景"。

丰子恺对故乡的物产特别敏感。有一次，他在上海功德林吃到新蚕豆，马上联想到故乡清明赛会、扫墓、踏青、种树的情景，以及绸衫、小帽、酒旗、戏鼓等种种故乡的风物。有时在他乡看见桑树和丝绵，心中便涌起乡思，因为这也是故乡特有的物产。在他的家乡石门湾，乡村人家，无论贫富，家家都养蚕，乡人无论老少都穿丝绵，是名副其实的"丝绸之府"。

而如今，石门一地，更有殷家漾梨园、桂花村、田野菊海等，一年四季，花事烂漫。丰子恺要是生活在今天，更要欣然握笔画画、作文，歌之咏之了。

三

石门，得运河之利，交通便捷，自古为南北孔道。

石门的名字虽然两千多年前就有了，但石门一地的初创，小镇的兴起，大概要到隋朝大运河开通以后，才真正应"运"而生。这里的"运"，有两层含义：一是机运，一是运河。是运河，带来了机运，造就了石门这个水乡小镇。

隋大业六年（610），江南运河开通后，石门地处运河畔，随即成为南北交通孔道，历经唐、宋、元、明、清数朝，贡赋漕运，在此迎来送往，从没停止过。直到今天，虽然高速公路、高速铁路兴起，人们有了更为快捷、更为现代的交通运输方式，但你站在石门湾看运河，仍会深切地感受到，千年运河依然在发挥着它应有的功能，舟楫繁忙，往来不绝，依然不可或缺。

据史书记载,从唐朝开始,石门已经设置驿站,后来的历朝历代,都在石门设置重要驿站。不仅驿使往来不绝,而且"官舫贾舶皆泊于此"。贡赋漕运,来往货物船队,到了石门湾这个地方,都会停下来歇歇脚,再上路。

明宣德五年(1430)析置桐乡县后,石门镇以接待寺寺弄为界分属崇德、桐乡两县。"县官迎送宪节,以此为出入界首。故每薄暮,帆樯云集,夜市颇盛。"

明清两朝,石门湾商贸之发达在崇德县城之上。明万历时,石门镇人口有两万多,镇上榨油业发达,仅油坊就有二十多家。石门镇还是远近闻名的蚕乡,所出"石门种"蚕种甲于禾郡。与此相应,石门镇的丝绸业、棉布业也很发达。在丰家老屋与缘缘堂之间,曾经还有"棉纱弄"之名。

明清时有许多专门写石门湾风景的诗词。如明贺麟有《玉湾夜泊》诗曰:"驿路迢迢送夕阳,石门湾口泊连樯。买鱼人唤溪边棹,乞米僧归竹下房……"驿路迢迢,夕阳西下,运河港湾,帆船林立,买鱼烧饭,僧归禅房……石门湾是美的、热闹的,有世俗忙碌的诸般欢喜。

丰子恺也曾在《辞缘缘堂》一文中详细介绍过石门所处的优越的地理位置。

> 它位在浙江北部的大平原中,杭州和嘉兴的中间,而离开沪杭铁路三十里。这三十里有小轮船可通。每天早晨从石门湾搭轮船,溯运河走两小时,便到了沪杭铁路上的长安车

站。由此搭车,南行一小时到杭州;北行一小时到嘉兴,三小时到上海。到嘉兴或杭州的人,倘有余闲与逸兴,可屏除这些近代式的交通工具,而雇客船走运河。这条运河南达杭州,北通嘉兴、上海、苏州、南京,直至河北。……

对于石门一地的百姓来说,运河曾经是出行不可或缺的交通要道。

江南运河,支流繁多,港汊错综,河边密密地散布着无数城市乡镇,三里一村,五里一市,十里一镇,二十里一县。而石门湾就在这稠密的水网中央,水路四通八达,交通运输异常便利。人们都习惯坐船往返于相距二三十里的小城市间,几乎不需要步行。人们下乡、出市、送客、归宁、求神、拜佛等诸般出行,即使只有三五里的距离,也乐得坐船。

运河的支流中,有一条叫作后河,流经丰家门前。丰子恺的童年和少年时代,就生活在这条小河边。后河,是少年丰子恺最早熟识并与之亲近的一条河流。

丰子恺从小就在这样富有诗情画意、得天独厚的环境中长大。后来,他外出读书、工作,便是从后河的河埠上船,沿运河出门远行的。而家里的人,就总是站在这条小河边目送或迎接他。成年以后,他常常自己雇一条船,沿着运河走,从家里出发,一天就能到嘉兴,一天半就能到杭州,船价不过三五元。在丰子恺看来,坐船出行比坐火车更好。开船时间可以自己定,在船上,仿佛在自己的房间里一样方便。经过塘栖等码头,还可以暂时停泊,上岸吃饭或购物,在靠河边的小酒店里找一个幽静的座位,点几盆小菜,烫两碗花雕,从容自由地喝着,丰子恺称之为"富有诗趣的旅行"。在石门湾,火车有距离感,而运河就流淌在身边,坐船是更流行的旅行。

故乡石门湾深厚的历史文化积淀,杭嘉湖平原四季皆宜、富足安乐的生活环境,千年运河川流不息地流淌在身边,这一切都是那样美好与难忘。正是这样一片丰润的土地,孕育出丰子恺这样的艺术大家,而丰子恺又为这个江南水乡小镇增添了更多艺术的趣味。丰子恺与石门湾,就这样自然地联结在一起,互相成全,交相辉映。

《繁忙的大运河》(徐建荣　摄)

石门丰氏

丰子恺先生有一方常用的印章——石门丰氏。丰姓在石门乃至整个桐乡都很少见。丰子恺在《姓》一文中写道:"丰这个姓,据我们所晓得,少得很。在我的故乡的石门湾里,也'只此一家'。"确实,石门丰氏,在丰子恺的故乡几乎仅此一家。

一

其实,石门丰氏曾是外来户。丰子恺的祖上是从离石门湾三四百里外的金华汤溪迁来的。据金华汤溪镇《黄堂丰氏宗谱》载,《浙江乡试录》中所载丰镳的始祖系北宋清敏公丰稷。若以丰稷为第一代,丰稷的玄孙丰谕于南宋绍兴元年(1131)自缙云迁至汤溪黄堂。明末清初,丰稷的第二十二世裔孙圣文、功贤、望山三兄弟又自汤溪黄堂迁往桐乡石门镇，这三兄弟中的望山正是丰子恺的祖上。

丰子恺早在游学日本时，曾在东京遇见了来自金华汤溪的族兄丰惠恩，他们一起考查族谱，才确知老家在金华汤溪黄堂村。明末清初，丰子恺祖上一支从汤溪迁居石门湾，到丰子恺时，已在石门湾生活长达三百多年了。知道了丰家的源流，丰子恺很高兴，但他一直未曾有机会到老家汤溪。抗日战争爆发时，他曾动过到老家避难的念头，但犹豫再三，最终未能成行。

丰子恺虽然没有到过汤溪祖地，但他对那里的族人却怀有深厚的感情，这在他的文章中也有写到。他在1940年所作的《桐庐负暄》一文中提及丰氏祖地应该是一方"良田、美池、桑竹之属"，俨然是"桃花源"般的去处。文中说：

> 我们的老家是浙江汤溪，……我初闻此消息，即想象这汤溪丰村是桃花源一样的去处，其中定有良田、美池、桑竹之属，和黄发垂髫怡然自乐的情景。而窃怪惠恩逃出仙源，又轻轻为外人道，将引诱渔人去问津了。我一向没有机会去问津。到了石门湾不可复留的时候，心中便起了出尘之念，想率妻子邑人投奔此绝境，不复出焉。但终于不敢遂行，因为我只认得惠恩，并未到过老家。

言辞之间，可以看到丰子恺先生对祖地的向往与赞美。

汤溪高义丰氏后人丰百顺在编写《高义村志》时，查阅《黄堂丰氏宗谱》，确认黄堂丰姓聚居地包括高义、横路、前宅、后宅、冬畈等五村，与《桐庐负暄》一文中所描述的情景相似。

汤溪黄堂村前宅至今存有丰氏祖居"全德堂"，共有三间四进，布局宏大，雕刻精美，带有典型的明清时期建筑特色。该堂系丰尔福（1329—1396）所创建，按《黄堂丰氏宗谱》世系表查考，丰尔福是丰子恺的第十七世祖。

丰子恺去世后，金华汤溪与桐乡石门两地的丰氏后人取得了联系，丰子恺幼女丰一吟曾到汤溪丰氏祖地黄堂村寻根问祖，并于2008年在黄堂村筹建丰子恺小学，以弘扬父亲丰子恺的爱国敬业精神。1996年11月9日，金华县丰子恺艺术研究会在汤溪成立，丰一吟等丰家后人前去参加成立大会。桐乡与汤溪两地开展了缅怀艺术大师的交流活动，金华还专门刊印了会刊《桃源》。

二

丰子恺的祖先望山三兄弟迁居石门湾后，石门丰氏逐渐在这个小镇上开枝散叶，绵延光大。据《黄堂丰氏宗谱》卷二记载："望山，居石门镇羊毛巷。"古时的羊毛巷，就在今棉纱弄一带，而丰子恺家的老屋就在棉纱弄。

丰氏祖上向来为诗书礼仪之家。按《浙江乡试录》载，始祖丰稷，宋徽宗时任御史中丞，与蔡京等奸臣殊死抗争，卒谥清敏公。丰子恺的第八代祖宗丰尔成是八品官，曾迎接康熙皇帝南巡。第七代以下，从丰璞、丰元勋、丰启嵩、丰峻一直到丰肇庆，代代都是太学生。

丰肇庆（约1843—?），字小康，排行第八，是丰子恺的祖父，也是清代的太学生，以开染坊店为业。但石门丰家到他这一代，尤其是经历太平天国运动之后，已家道中落，远不如前。丰肇庆初娶妻冯氏，冯氏去世后，续娶沈氏，人称"丰八娘娘"。丰肇庆早丧。丰子恺的祖母丰八娘娘读书识字，为人豪放旷达，个性好强，又爱及时行乐，良辰佳节不肯轻易放过，对儿孙颇有影响。她生有两子两女，长子与幼女夭折，剩下长女丰针和幼子丰镠，那便是丰子恺的姑母与父亲。

丰子恺的父亲丰镠（1865—1906），字迎年，号斛泉，又号鹤旋。1883年，他考取第七名秀才；后参加三年一次的大比，三次未中；到第四次，1902年秋天，终于中举。中举以后，按常例，第二年可以进京参加会试、授官。但丰镠中举后，因母丧，即逢"丁忧"，必须在家守孝三年，未能进京参加会试。而过了两年多，到了1905年，科举就废止了。因此，丰镠中举后，始终没有做官，未能进入士大夫阶层，只好在家办私塾。丰家的染坊店收入有限，私塾里的收入更是微薄。家里仅靠着镇上两家大商店借举人老爷之名而得到每年一两百元的收入保障，此外别无进账。丰镠最终死于肺病，英年早逝。

丰子恺的父亲去世后，留下孤儿寡母。此时的丰家只剩下一家丰同裕染坊店和薄田十数亩，赖以为生，家境大不如前，这一大家子人，生活着实不易。丰子恺母亲钟云芳一人扛起了家庭重任。她的娘家在石门南皋桥堍，祖上经商。她生有七女三男，丰子恺排行第七，为丰家长男。钟云芳虽不识字，却治家有方，贤淑勤劳，既当严父，又做慈母，把一群儿女抚养成人，尤其对童年丰子恺的成长影响深远。

三

丰子恺出身于这样的诗书礼仪之家，石门湾、丰同裕染坊店和丰家老屋，以及祖父母、父母等，都深深影响着丰子恺的成长。

石门丰氏的丰同裕染坊店临后河而建，后河是京杭大运河的一条支流，丰同裕染坊店距运河也才两三百步，可谓近在咫尺。店里面有一所老屋，老屋厅上挂有"惇德堂"的匾额，匾额是丰镤的老师沈之渠所书。惇德堂后面便是后来新建的缘缘堂。"缘缘堂后面是市梢。市梢后面遍地桑麻，中间点缀着小桥、流水、大树、长亭"，便是丰子恺儿时的游钓之地。这染坊店和老屋，就是丰子恺"父祖三代以来歌哭生聚的地方"，而对丰子恺来说尤其感情深厚。抗日战争全面爆发后，丰子恺携一家老小流亡他乡时，每逢从报纸上了解关于石门湾的消息，晚上就梦见故居里的种种旧事，梦的背景，常常是这百年老屋。

所谓"近水楼台先得月"。因为家有染坊店，丰子恺从小对画画特别喜爱，尤其是色彩方面的天赋与熏陶，都与家里开的染坊店或多或少有些关系。丰子恺很小的时候，就是用染坊店里的颜料来画图。因为有运河，有后河，有木场桥，有河边人家，有桥下流水，丰子恺的笔下，才涌现出这么多丰富多彩、鲜活灵动的

第一章 ◦ 童年与故乡

1936年，丰子恺（右四）在丰同裕染坊

艺术形象。因为有缘缘堂，丰子恺的漫画、随笔，才有了这么有个性和辨识度的艺术标识。

丰子恺在母亲去世三年后，在丰家老屋的地基上，建起了缘缘堂新屋。这是丰子恺母子两代人的共同心愿，也是石门丰氏发扬光大的一个体现。可惜的是，后来缘缘堂连同丰家的老屋、染坊店，都在日寇的炮火中被毁灭了。

战争烧毁的是房子，但石门丰氏的精神传承永远毁灭不了。1985年，石门缘缘堂重建。1989年，丰子恺漫画馆建立。2020年，丰子恺艺术中心启动建设。丰子恺的艺术人生，在他的第二

017

代、第三代后人中不断传承并发扬光大。石门丰氏，不单单是一个姓氏，也是丰氏家风家训的一个体现，更是丰子恺艺术精神的一个标志性符号。江南水乡石门，与丰子恺的艺术精神，早已融为一体，密不可分了。

三岁玉儿

《红楼梦》里的贾宝玉,是贾母等长辈十分宠爱的孩子,贾家的一块宝玉。而我们的传主丰子恺,从小也是丰家的宝玉。丰子恺的父亲丰镣为儿子取乳名为慈玉,意为慈母的命根子,更是老祖母的宝玉。

一

别却春风又一年,梨花似雪柳如烟。
三岁玉儿娇小甚,也教抱上画船来。

这是丰镣在某一年清明时写的《扫墓竹枝词》中的句子,诗中的"玉儿"便是指儿时的丰子恺。

命运对于丰鐄来说似乎有点不公平，在他连考四次，好不容易中了举人后，却因母丧，旋而科举又废，他便没机会再参加会试并走上为官之路，光耀门楣。于是，这位举人老爷便只有委屈地在家设塾度日，做孩子王。从旧时读书做官的通常模式来看，他是不得意的，郁郁寡欢，最终过早离世。但他可能自己也没有想到，他的儿子丰子恺后来成了一代艺术大师。从某种角度说，他也是人生的大赢家。

清光绪二十四年（1898），是一个非同寻常的年份。清政府面临内忧外患，这年6月，光绪皇帝任用康有为、梁启超等实行维新变法。可好景不长，同年9月，戊戌六君子被杀，变法失败，史称"百日维新"。尽管变法失败了，但维新思想早已深入人心。废科举、办学堂，各地有识之士纷纷响应，即便在石门这个江南水乡小镇上，维新之风也已吹起层层涟漪。丰子恺的父亲丰鐄便是一个十足的维新派。

就在这一年的11月9日（农历九月二十六），丰子恺诞生于浙江省石门县玉溪镇（今浙江省桐乡市石门镇）丰同裕染坊店内。丰同裕染坊是一所三开间三进的老式楼房。染坊店为第一进，客厅为第二进，灶间为第三进。三开间中央一间的楼上就是丰子恺的诞生之地。

在丰子恺出生之前，丰家已有六个女孩，丰子恺排行老七，却是长男，这对丰子恺的父母来说，很是安慰。而丰子恺的祖母丰八娘娘更是欢喜，先前的担心与忧虑一扫而光。

"不孝有三，无后为大。"封建礼教思想，曾给丰子恺的祖母和母亲带来了巨大压力，尤其是他的母亲，连续生了六个女儿，总感到抬不起头来。此前，她还请了湖州来的黄半仙卜卦。那黄半仙掐指一算，说："你命中注定无子。"在绝望与愁闷的双重打击下，她病倒了，致使胎儿早产了一个多月。分娩那天，家里冷冷清清，婆婆满脸愁容地在灶间叹气。不承想，伴随着楼上一阵响亮的婴儿啼哭声，接生婆惊喜的喊声传来："恭喜，恭喜，是个哥儿呢！"顿时，满屋子的人振奋起来，七手八脚地忙碌着。丰八娘娘更是喜出望外，眉开眼笑，一边念着"阿弥陀佛，祖宗积德"，一边叫人摆香案，敬祖神。第二天，她又到镇上的接待寺、西竺庵去烧香拜佛，祈祷子孙长命百岁。丰子恺的诞生，无疑驱散了丰家人心中的阴影，也带来了新的希望。

二

丰子恺在全家的宠爱下成长。很快，他一周岁了，家里为他举行抓周仪式。大人在盘里放了众多物件，如官帽、金银首饰、算盘、毛笔等，丰子恺抓取了一支毛笔。此举令长辈们欣喜万分。丰子恺的家乡有句老话，叫"三岁看大"。果然，丰子恺长大以后，以一支笔画画、作文，创作出了那么多经典作品，成就了他的艺术人生。

丰子恺的母亲还让他们家染坊店里的店员祁官抱着丰子恺，在石门镇上不重复地走过了七座桥，寓意"七巧"。自然，这种种仪式，都是为了讨个好彩头、图个吉利罢了。总之，全家的希望、关心和期待，都放在这个男孩的身上。

丰子恺二女儿丰宛音（初名麟先，又名林仙、林先，后又改为宛音）的《父亲丰子恺轶事》一书中写过丰子恺的一些童年趣事，其中有一场立桶风波，读来很是惊险。有一年冬天，丰子恺母亲上楼侍候生病的婆婆，把孩子交给女佣看管。女佣有事，就把丰子恺放在立桶里。等到母亲忙完事下楼来抱孩子时，眼前的一幕不由得让她惊叫起来。原来，不知是谁的疏忽，竟忘了插入立桶下边的站板，立桶下边便是火炉，如果一脚踩下去，那还得了？幸好丰子恺的两只小脚板竟一直站在横档上，这才没出事。可一岁多的幼儿，居然能在两根小木条上站稳多时，太不可思议了！这件事闹得沸反盈天，家里人大为惊讶。邻居们也都议论纷纷，有的说："险些闯大祸！这么小的孩子，倒像是懂事了似的，真是奇怪！"有的说："大难不死，必有后福！"日后，家人们想起这件事都还心有余悸呢。

果然是"大难不死，必有后福"。丰子恺儿时经历的这件惊险事，应该是他人生中第一次面临的生死考验。后来，在抗战避难的途中，生死攸关之际，丰子恺更是历尽艰险，辗转几省经过百数十个码头，终究大难不死，最后迎来了抗战的胜利和新中国的诞生。他用一支笔，创作了无数的漫画与随笔，成就了一代艺术家的光荣与梦想，这就是他的后福。如今，我们依然在读他的书，看他的漫画，学他的精神，这又何尝不是一种人间大福呢！

第一章 ● 童年与故乡

丰子恺（左）年幼时与姑母丰针的合影

学童时代

丰子恺没有辜负全家人的宠爱和期望,他从小聪明好学,读书用功,是同学和老师眼里的学霸。他兴趣广泛,爱好画画,赢得了"小画家"的称号。他的学童时代可圈可点。

一

时间过得飞快,一转眼,丰子恺到了入学的年龄。丰家这样的诗书礼仪之家,对于孩子的教育自然非常重视。丰子恺的第一任启蒙老师,就是他的父亲丰鐄。

1903年,丰子恺六岁,开始入丰家本宅私塾读书,由父亲丰鐄启蒙。在丰鐄看来,慈玉的出生,自己的中举,皆要感谢祖上的恩泽,遂为儿子取学名丰润,"润"就是"泽"的意思。

丰子恺在父亲的启蒙下,先读《千字文》《三字经》,后又读《千家诗》。在读《千家诗》的时候,丰子恺对书上配诗的木版画特别感兴趣。比如,第一幅画的是一头大象和一个人在耕田,这是《二十四孝图》中的《大舜耕田图》。他觉得看这画,比读下面程颢的《春日偶成》"云淡风轻近午天,傍花随柳过前川。时人不识余心乐,将谓偷闲学少年"的诗句,更为有趣。

看着看着,他忽然萌发了作画的念头。他让女佣从染坊里要了一些颜料,然后用笔蘸上颜料,为书上的画着色,涂一头红象、一个蓝人和一片紫地,自以为得意。等涂好了色,翻开书来一看,下面的七八页上,都有一头红象、一个蓝人和一片紫地,好像用三色版套印的。为此,他被父亲骂了,几乎要打手心,幸被母亲和大姐劝住了,终于没有被打。丰子恺哭了一顿,便把颜料盅子藏在扶梯底下了。晚上,等父亲出去了,他便继续偷偷在洋油灯底下描色彩画。母亲和诸姐看到了,都说好看。但他始终没敢给父亲看,怕挨骂。这应该是丰子恺描画的最初尝试。

有一天,他在父亲晒书的时候,看到了一部《芥子园画谱》,翻了一下,看见有许多花样,着实兴奋。他便偷偷取出,藏在自己的抽屉里。趁父亲不在的时候,他便尝试照着样子描了几幅。最初印描的是人物谱上的柳宗元像。因为第一次印描,没有经验,笔上墨水吸得太饱,习字簿上的纸又太薄,画虽描成了,但《芥子园画谱》上却渗透了墨水,弄得一塌糊涂。为此,他受到大姐的责骂。但丰子恺没有泄气,相反,对于画画的兴趣却愈加浓了。后来,他的"印画"技术渐渐进步。十二三岁的时候,他已把这本人物谱统统印全，所用的纸是雪白的连史纸，而且所印的画都着色了。同塾的学生看了都很欢喜，都说："比原本上的好看得多！"大家都向他讨画，拿去贴在灶间里，当作灶君菩萨；或贴在床前，当作新年里买的花纸儿。

上学以后，丰子恺与小伙伴们玩的时候就少了。私塾平时不放假，但过年都会放假近一个月，从腊月二十三小年夜开始，到正月二十才开学，这期间，是孩子们快乐的假期。祭送灶神、打年糕、请年菩萨、收压岁钱、新年放爆竹、敲年锣鼓、买花纸儿、拜年做客种种过年的习俗，全都是那么新鲜有趣，那么喜气洋洋。丰子恺与小伙伴们欢喜地观看并参与其中，连做老师的父亲也没有平时那么严肃，"四时佳兴与人同"，吃酒作乐，一派祥和。

丰子恺后来在《过年》《新年怀旧》等文章中多次回忆起儿时过年的种种年俗，令人印象深刻。他欣赏过年祭祀时八仙桌上供设的六神牌和祭品盘上的红纸盖，他喜欢与小伙伴乐生哥哥他们一起在天井里放花炮，他喜欢听着远远近近的爆竹声入梦，他喜欢拿着大人给的压岁钱，大年初一与小伙伴上街买花纸儿和玩具，他喜欢听"咚咚咚"敲年锣鼓的声音，那是一年难得的新年鼓乐演奏会……

丰子恺特别热衷于放鞭炮，自年关到新年过完，差不多每天都要去爆竹店买鞭炮来玩。他还把鞭炮拆开，改制成无数的小万花筒，在新年的夜晚到河岸边燃放，五光十色。由于此类鞭炮的游戏只限于新年，因此丰子恺觉得火药气与新年总有着密不可分的联系。成年后，他偶尔闻到火药气，就会立刻联想到新年及儿时的种种欢乐。

新年的快乐,一直要延续到元宵节,那时买各种灯笼,如兔子灯、蝴蝶灯,对儿时的丰子恺而言,也都兴味十足。直到正月二十,学堂开学了,丰子恺和伙伴们又开始古板的书斋生活。

二

1906年,丰子恺九岁。这年秋天,父亲丰镤因肺病而去世,留下孤儿寡母。从此,母亲便成了丰子恺的保护者,而他也不得不另觅他处读书。

第二年开春,母亲设法将丰子恺转入镇上的另一家私塾,塾师是于云芝。自1905年科举制度废除后,各地先后办起了学堂,以代替私塾。于云芝的私塾也大加改良。他买来一架风琴,还从嘉兴请来一位名叫金可铸的老师,教音乐和体操。因此,这一家私塾实际上已是小学堂了。丰子恺后来写文章回忆这一时期的学习生涯,时称私塾,时称学堂或学校。

在于云芝的私塾,丰子恺开始读《幼学琼林》《论语》《孟子》等书,学做对子。有一次,老师出上联"枝头黄叶舞"让学生们对对子,丰子恺对出"岭上白云飞"的下联,深受老师赞赏,还得了个双圈。他尤其喜爱《孟子》,觉得里面比喻多,比《论语》有趣,读起来"像读童话一般"。

课余,丰子恺比以前更加热爱作画。他在自己的《学画回忆》一文中讲到,当时,他就已懂得从红、黄、蓝三原色中调出橙、绿、紫三间色，还把自己的画公诸同学之间。有一次，有两个同学为争夺丰子恺的画而吵架。老师知道后不但不罚，倒让他帮忙画一张孔子像，挂在私塾的堂前给学生朝夕膜拜。从那以后，同学们给了他一个"画家"的称号。

少年丰子恺特别喜爱花纸儿、吹大糖担、新年里的龙灯、迎会、戏法、戏文，还有印泥菩萨的模型和一年难得见到的花灯。红沙泥模型只要两文钱一个，有弥勒像、观音像、关帝像等。他把所有的模型都买来，颜色不好看，他就自己上色，还进一步用黏土制作模型。为此，他曾荒废了熟读《孟子》的功课，受到老师的警告和母亲的责备。他不得不把心思转回到课业上，可他的心如脱缰的野马，早已收不住了。

后来，学校上体操课，老师又叫他在黄布上画一条龙，当作上体操课时用的旗。龙旗画成了，就被高高地挂在竹竿上，学生们扛着龙旗，走过市镇，到野外去做体操。从此，他的"画家"名声更响了。有一次，家里的一个老妈子托他画一张像，他便请教大姐和会画肖像的二姐丈，最后参照别人的一张照片，帮老妈子画了一幅肖像画，老妈子看了很满意。自此以后，亲戚家请他画容像的更多了，常常求上门来。后来，丰子恺外出求学，放假回家时还常常接受这种"义务生意"。直到十九岁时，他跟李叔同（丰子恺后来在浙江省立第一师范学校读书时，李叔同是他的音乐和图画老师）先生学了木炭写生画，读了美术的论著，方才把此业抛弃。但后来他在上海工作时，故乡还有人寄照片来求他画容像的。丰子恺只好把照片送到照相馆里，放大后寄回去。可见他这个"画家"的名气，在故乡人心中的影响力之广。

三

1910年，丰子恺十三岁，他就读的私塾正式改名为溪西两等小学堂，校址仍在石门湾市梢的西竺庵祖师殿后面。西竺庵里的小和尚菊林，给丰子恺留下了深刻印象，他后来写过一篇随笔《菊林》，收入《缘缘堂续笔》中。

在小学堂，丰子恺学会了唱《祖国歌》："上下数千年，一脉延，文明莫与肩……"

这首歌是李叔同所作，当时在沪学会的刊物上发表后，立刻不胫而走，全国各地的学校都在教学生唱。石门湾虽是一个相对偏僻的江南小镇，但当时学校从嘉兴请来的金可铸老师也教丰子恺他们唱这首歌。丰子恺后来在《回忆儿时的唱歌》一文中写到，当时他和同学们扛了旗帜排队到街上去宣传"劝用国货"，唱着歌儿的情景，历历在目。

1911年，溪西两等小学堂原有高等部分的学生归入新办的崇德县立第三高等小学校，校址仍在西竺庵。校长是沈蕙荪先生，他的父亲就是石门镇上的秀才、有德望的长者沈四相公，而且沈家与丰家是亲戚。丰子恺是该校的第一届学生，他品学兼优，好学好问，求知欲强，所学的国文、图画、算学、音乐等各门功课，成绩均名列前茅，用现在的话来讲是一个标准的学霸，为老师们所器重，亦深得校长沈蕙荪的器重。

丰子恺的母校，校址在西竺庵

就在这年的10月10日，辛亥革命爆发，沪军都督陈其美下令剪发，剪辫子一事在上海形成风气。第二年春，政府下令民间一律剪发。此风也刮到石门镇上，十五岁的少年丰子恺，也偷偷剪了头发，不承想被母亲责骂，并在父亲遗像前罚跪。

辛亥革命爆发后，地方上办自治会，盛行选举。为便于选举，又盛行简化名字，此风也传到了学校里，年幼而尚无选举权和被选举权的学生们也纷纷被改名。丰子恺原名丰润,被学校的一位老师改作丰仁,这个名字一直用到了二十岁。

四

1913年,丰子恺十六岁。这一年,对他来说可谓双喜临门:一喜是会考成绩突出;二喜是因为这次会考,又结了一门好亲。

这年崇德县举行会考,为县内各校之间的一次竞赛。会考时高班的国文试题是《五金之中,何者为贵论》,丰子恺以贱金贵铁为中心思想发挥了一番,获得了高分。在这次会考中,由于成绩优异,丰子恺受到崇德县督学徐芮荪的重视。他亲自调了丰子恺的文章来看,见他立言不凡,语句典雅,经了解,原来是石门镇已故举人丰镤的儿子,家学渊源。为此,徐芮荪专程到石门镇上的第三高等小学校来视察,借此查阅了丰子恺平时的作业,并看到了这位态度腼腆、相貌清秀的少年。徐芮荪十分欣赏丰子恺的才华,便央人到丰家说媒,愿将长女徐力民许配给丰子恺。

自从丰镤去世后,丰家家道中落,孤儿寡母,难免受人欺负。而徐芮荪家为崇德世家,钟云芳觉得自家力薄,并不门当户对,生怕日后多生枝节,便婉言谢绝。但不久,徐芮荪再次央媒说亲,钟云芳为徐家的诚意所感动,终于答应了这门亲事。这一年,十六岁的丰子恺与十八岁的徐力民定了亲。

五

转眼,丰子恺要小学毕业了。这些年来,他在学校里非常用功,课程表上的所有功课,差不多都得了满分。而最突出的是国文,他的文章水平日益见长。就在这时,他以文言文形式写的四篇寓言文章《猎人——戒贪心务寡欲》《怀挟——戒诈伪务正直》《藤与桂——戒依赖务自立》和《捕雀——戒移祸务爱群》,发表于1914年2月的《少年杂志》"儿童创作园地"栏目上,署名丰仁。这是迄今为止发现的丰子恺最早发表的文学作品。那一年,他十七岁。

1914年初,丰子恺以第一届第一名的优异成绩毕业于崇德县立第三高等小学校。因当时其他学校已改为秋季毕业,他在母校又滞留了半年。丰子恺自己在《旧话》一文中说到:"我在十七岁的暑假毕业于石湾的崇德县立第三高等小学……"

此时,丰子恺从六岁入私塾启蒙,到十七岁高等小学毕业,整整十一年的学童生涯,也将结束。通过这些年的学校教育,丰子恺也从"三岁玉儿"长成一个才智超绝、品学兼优的英俊少年。

省城投考

丰子恺小学毕业后，面临投考升学的问题。究竟报考什么学校，专业如何抉择？操心最多的自然是丰子恺的母亲钟云芳。这位既是慈母、又兼严父的当家主母，用尽了心思。她虽只是小镇上的一个女流之辈，但为了儿子的前途，也是用心良苦。她专程找到丰子恺就读的小学的校长沈蕙荪先生商量此事。在关于丰子恺的前途问题上，沈蕙荪给了她很大的帮助。

当时，沈先生给了钟云芳几种参考方案，最后她决定让儿子到省城杭州去投考中等学校。

1914年夏的一天，钟云芳一早起来给丰子恺准备行装，让他吃了糕和粽子。这糕和粽子是有寓意的，暗示"高中"的意思。从前丰子恺父亲去考乡试的时候，丰子恺的祖母也是给他父亲吃这两种点心，无非是图个吉利，有个好口彩。钟云芳送丰子恺到

少年丰子恺

了沈蕙荪先生家。沈蕙荪的儿子沈元与丰子恺同班毕业,毕业考试时丰子恺考第一,沈元考第二,都是优等生。这次,沈元恰好也要去杭州考学,因此由沈蕙荪亲自送他们俩去。

丰子恺随沈家父子搭快板船到长安,换乘火车,到了杭州。丰子恺是第一次乘坐火车。以前只闻其名,却没有机会去看火车或乘火车,他想象中的火车是炮弹流星似的凶猛唐突的东西,但实际乘坐,并不觉得怎么可怕,也不过尔尔。

丰子恺也是第一次到省城杭州。到了杭州以后,为了保证入学,他报了三所学校,当时唯一的担心,是怕考试不能通过,落第回家。他闻知有同时投考数校的办法,觉得此法妥当。于是便不问师范学校、中学和商校等学校不同的教育宗旨及将来的造就如何,但选考试日期不冲突的三所学校报了名。沈先生在返家途中把三所学校的性质告诉他,使他知道取舍。丰母也曾有切实的叮嘱,她知道商业学校的毕业生日后必在外头的银行、公司等供职,丰家没有父兄,她不想让丰子恺外出就业。丰家也没有本钱,让他中学毕业后升高等学校和大学。但丰子恺顾不了这么多,他唯一的企求,是投考不落第。

在考试这件事上,丰子恺比他父亲当年幸运顺利得多了。他这次到省城考试,结果居然是被三所学校同时录取——以第一名被商校录取,以第八名被第一中学录取,以第三名被浙江省立第一师范学校(简称"浙一师")录取。丰子恺觉得师范学校规模最大,似乎最能满足他的求知欲,便选择了师范学校,这恰好与他母亲的意愿相合,两相满意,皆大欢喜。

就在这年秋天,丰子恺赴省城入学,时年十七岁。从这时开始,丰子恺终于要离开生他养他、一直庇护他的母亲,要离开这个生活了十七年的故乡石门湾,只身外出求学,做一个他乡的游子了。对年少的丰子恺来说,走出去,海阔天空,而同时,离开曾经熟悉的环境、熟悉的人和事,自然也是完全不同的人生体验和况味了。

第二章 游子思故园

少年游

溪西杨柳万千条,翦翦春风舞细腰。
借问少年愁几许,湖山点点暮朝朝。

丰子恺二十二岁时从浙江省立第一师范学校毕业，后来到上海、上虞等地工作，到日本游学，回国后重新回到上海办学，直到三十一岁时辞去教职，开启以著述谋生的自由职业生活，前后有十多年时间，基本上都在异乡生活。这位远离故乡的游子，只有在假期，才回到故乡石门湾。这段时间，他虽与故乡保持着若即若离的关系，但无论走多远，故乡都犹如牵着风筝的线，他的心从不曾远离。

杭城求学乡思浓

"慈母手中线,游子身上衣。临行密密缝,意恐迟迟归。谁言寸草心,报得三春晖。"孟郊的这首小诗,最是触动游子的心。这一幕场景,这一种体验,每一个曾经外出求学的游子,应该都是熟悉的。少年丰子恺就是这样,挥手告别母亲,告别家乡,踏上了外出求学之路。

一

1914年秋,十七岁的丰子恺离开故乡石门湾,到浙江省立第一师范学校上学。临行前,母亲告诫他待人接物、求学立身的大道理,也关照他许多起居饮食的细节,给他准备学费,置办行李,还给他制作了一罐猪油炒米粉,做了一个小线板,上面插两根引

1918年丰子恺在浙江省立第一师范学校

浙江省第一师范旧址（徐盈哲 摄）

线，一一放在他的行李箱里，然后送他出门。目送着儿子，上了船，离了岸，船渐行渐远，直到看不见，母亲嘴角上那严肃而慈爱的笑容，在儿子的视线里也渐渐变得模糊。千年运河，载着这个少年，开启了新的人生之旅。

　　浙江省立第一师范学校前身是创办于1908年的浙江官立两级师范学堂，1912年民国政府成立，改名为浙江省立两级师范学校，1913年又改名为浙江省立第一师范学校。学界颇负盛名的许多前辈都曾在该校任教，如首任校长沈钧儒，继任校长经亨颐，教师有夏丏尊、马叙伦、张宗祥、许寿裳、鲁迅、沈尹默、李叔同、姜丹书、堵申甫等知名人士，还有的在丰子恺毕业后来该校任教,如陈望道、刘大白、俞平伯、朱自清、叶圣陶等。他们大多与丰子恺有交往,有的后来成为丰子恺的终身挚友。

丰子恺是该校创办以来的第五届学生。当时的学制是五年。丰子恺入学时,校长是经亨颐,他十分注重教学改革,提倡德、智、体、美、群五育并重,尤重德育,注重人格教育,传播新文化。当时的浙一师无疑是浙江省新文化运动的中心。经亨颐的教学理念,自然吸引了许多与之相投的名师前来执教,如李叔同、夏丏尊、姜丹书、单不厂(音庵)等,开创了艺术教育的新风气,而丰子恺幸运地成为这些名师的学生。

二

虽然浙一师是一所名校,且名师云集,可初入学的丰子恺,却成了一个"乡愁病者"。主要原因是,他小小年纪第一次离开家乡,离开熟悉的小镇,来到省城生活,难免思乡。同时,他开始读的是预科班,因为与自己期望的很不一样,初入浙一师时的几个月,对预科班和学校的生活很不满意,甚至有点失望。预科班的英文从ABCD教起,算术先教四则运算题,功课太浅了,他有点后悔自己的选择,早晓得应该去读中学。再加上丰子恺从小养成自由放任的个性,很不适应学校寄宿生严格的集体生活,这使他开始的一年住校生活过得非常痛苦。他后来写过《寄宿舍生活的回忆》描述这种生活。

由于不习惯住校的寄宿生活,恋慕家庭生活的温暖,起初几个月里,他常常想家、想母亲,但又说不出口,郁积在胸。当听到 Home, Sweet Home 乐曲的旋律与歌词时,他便会在心里产生强烈的共鸣。他曾在月明之夜,以蹲坑为由,独自离开自修室,在操场僻远的一角,对着明月引吭高歌这首乐曲,以发泄乡愁。

他还写过一些诗词作品,抒发心中的淡淡离愁。如《春宵曲》有"故园春色半成尘,正是绿肥红瘦最伤神"句;《朝中措》中有"如今犹忆,儿时旧学,风雨残编"句;《满宫花》中有"异乡风物故乡心,镇日频相萦绕"句;《减兰》中有"他乡作客,每到春来愁如织"句;《西江月》中有"故里音书寂寂,客中岁月悠悠"句。或许有"少年不识愁滋味,为赋新词强说愁"的成分在里面,但也多少表达了第一次离开家的游子的乡愁。

三

慢慢地,丰子恺的乡愁病得到了医治,而医者恰恰就是他的同学和老师,以及浙一师的艺术氛围。

对少年丰子恺来说,最可安慰的是,当时遇到了一个知心同学杨伯豪。杨伯豪是浙江余姚人,丰子恺与杨伯豪同分在甲班,且又在同一个自修室,两人彼此很谈得来,这给令人窒息的苦闷生活增添了一点点欢悦和喜色。杨伯豪个性独特,具有冷静的头脑和卓绝不凡的志向,而丰子恺那时年幼单纯,只晓得一味用功读书,从没有真正考虑过自己的前途。杨伯豪鼓励他说:"你自己应该抱定宗旨!"丰子恺对杨伯豪很敬畏,并意识到自己应该有觉悟、有志气。杨伯豪在生活上对他也很照顾,一次丰子恺发疟疾,是杨伯豪代丰子恺求寝室长开门取衣服,并送他去调养室休息。杨伯豪对丰子恺说:"你不要过于胆怯而只管服从,凡事只要有道理。"这给丰子恺许多温暖与激励。

可是不久,卓尔不群的杨伯豪离开了学校。丰子恺则少了一位私心倾慕的学友,孤独寂寞,再无人可以倾诉,无处可以排遣。

杭州高级中学校园(前身是浙一师)一角(徐盈哲 摄)

四

事实上,丰子恺选择进入浙一师一点也没有错,他慢慢习惯了学校的生活,他的乡愁也渐渐被他对音乐、艺术的热爱所冲淡。因缘际会,丰子恺入了一所名校,受教于诸多名师,玉琢成器,从而奠定了他献身艺术的志向。一二年级时,丰子恺的学习成绩都名列第一,他"各门功课都好,而于文艺尤为资性所近,格外见长",甚得国文老师单不厂的器重。单老师根据丰子恺名仁,为其取号"子颛"。颛是安静、和乐的意思,"颛"与"恺"通,后来,"子颛"改为"子恺"。就这样,"丰仁"与"丰子恺"同时使用。出了校门之后,他就较少用"丰仁"这个正式的名字,而几乎一直用"丰子恺"这个号了。

对丰子恺一生影响最深的,莫过于李叔同、夏丏尊这两位恩师。李叔同作为预科生的音乐老师,为丰子恺这一班学生上音乐课,后来又上图画课,这位"温而厉"的先生,从此成为丰子恺艺术道路上的启蒙者、引导者。三年级开始,丰子恺热衷于李先生教的西洋画,而旷废了许多师范生的功课,学习成绩下降,到毕业时,成绩排在第二十名了。但他一点也不后悔自己的选择。而教国文的夏丏尊,则与李叔同爸爸式的教育完全不同,是另一种妈妈式的教育,但同样令丰子恺十分敬爱,夏先生成了他的文学启蒙者。那时,丰子恺每写完一篇文章,都要请夏先生指点一下,他从此深爱上了文学,一生无悔。丰子恺与李、夏之间的这

第二章 游子思故园

丰子恺在浙一师的毕业证书

种师生情谊,到出校门后仍然延续,最终他们成为文学艺术道路上的同道者,这实在是莫大的幸运。

因有各位恩师的教导,丰子恺在浙一师,除了学好师范生的功课之外,几乎全身心投入文学艺术的基础学习。在浙一师期间的学习生活,无疑是丰子恺一生中很重要的阶段,这里可谓是他的文学艺术启蒙地。而丰子恺初入校时的乡愁病,也在这样的艺术氛围里,慢慢得到治愈。

五

转眼几年过去,1919年3月13日(农历二月十二,花朝日),二十二岁的丰子恺奉母命回故乡石门湾,与徐芮荪的长女徐力民结婚。

新婚那天,新郎打扮的丰子恺,坐船沿运河到崇德县城去迎接新娘。徐家是崇德望族,嫁妆丰厚。去时仅一条船,回来时却用了两条船,其中徐力民的嫁妆载满了一条船。全副嫁妆,蔚为壮观,除了四橱八箱,枕山、被山等,甚至做寿材的木头都用红绫包着随嫁,还有一个名叫爱凤的姑娘及姑娘日后出嫁的嫁妆。当时丰家惇德堂老厅楼上因增加了这么多的陪嫁物,负荷过重,咯咯作响。因担心搁板被压断,还用木柱来支撑。崇德望族徐家嫁女的风光与排场,可见一斑。

丰子恺结婚时,曾收到好友杨伯豪的几首贺诗。其中第一首是:"花好花朝日,月圆月半天。鸳鸯三日后,浑不羡神仙。"徐力民是大家闺秀,丰子恺是英俊青年。新婚宴尔,着实令人羡慕。

虽是父母之命、媒妁之言,但他们在结婚之后,婚姻美满,儿女成群。即便后来经历战乱与磨难,夫妻俩始终相敬如宾,不

丰子恺(右)与妻子徐力民(左)的合影

离不弃,善始善终,堪称楷模。

石门丰氏与崇德徐氏联姻,在当时也是一段佳话。实际上,在丰子恺与徐力民结亲之前,丰子恺的一位姑母已经嫁到崇德徐家,这一次是亲上加亲了。丰家与徐家一直保持着密切的联系,抗战逃难时,丰子恺还多次与在家乡的表侄徐一帆通信,诉说远情近况。

从结婚这天起,丰子恺意识到自己是一个大人了,是一个有家的人了。从此,他对故乡的牵挂,自然更多了一层情感。

六

丰子恺在杭州读书期间,最盼望的是每一个寒暑假期的到来,他可以放假回家,放飞心情。家乡人也张开双臂,欢迎游子归来。

他在文章中曾写到,当时他一回家,便有好多人请他画人物肖像,那是他儿时的玩意,但到杭州读书后,接触了真正的绘画艺术,他就不太愿意再做这种事情,但有时也无法推辞。尤其是回老家时,常勉为其难,帮乡里人画像。

在假期里,有一件事是丰子恺最乐意做的,那就是到他三姐丰满任校长的石门湾振华女校客串教书先生,做孩子王。

石门湾振华女校是丰子恺的大姐丰瀛(1886—1918)于1912年12月创办的,地点就在丰家老屋的惇德堂三间厅堂里。这是一所远近闻名的女子学校,湖州、乌镇、崇德、新市等地的女学生都前来求学。如茅盾夫人孔德沚,茅盾弟弟沈泽民的夫人、后来成为红军女将领的张琴秋，以及张琴秋的表妹钱青等，都曾在振华女校就读，她们亲似姐妹，又都是该校的第一届学生。

振华女校开始创办时，丰瀛是首任校长。1918年，丰瀛离世，由丰子恺三姐丰满接任校长。

丰满（1891—1975），字庭芳，是振华女校第二任校长。她好书画，是几个姐妹中思想较开通且较有学问的一个。她从小靠父亲的保护而没有缠小脚，这在当时石门镇上比较少见。她剪短头发也较早，是紧跟时代潮流的新女性。她接替大姐丰瀛任振华女校校长后，为了提高女校的教学水平，曾去杭州的浙江省立女子师范学堂进修。1920年，她与乌镇的徐叔藩结婚。因婆婆看不惯她的天足和穿齐膝短裙等新式女性的生活方式，婆媳、夫妇关系皆不融洽，以至婚后一年，便不得不离婚。1922年，丰满到上海专科师范学校深造。丰满和她后来出生的女儿宁馨，都跟着丰子恺一家生活。

自1919年1月开始，丰子恺奉母亲和三姐丰满之命，利用寒暑假在石门湾振华女校客串当老师，教学生音乐和图画课。他还经常举行班级音乐会和游艺会，指导学生排练。只要丰子恺在学校，校园里的歌声、琴声就不断。那时，丰子恺给小学生们唱应当爱护动物的《猫儿歌》："猫儿坐在太阳里，眼睛布细线；猫儿走到暗洞里，眼睛放大亮兮兮，好像黑围棋。"还有以乌鸦反哺暗示孩子应该孝敬父母的《乌鸦歌》："乌鸦乌鸦对我叫，乌鸦真正孝；乌鸦老了不能飞，对着小鸟啼。小鸟朝朝打食归，打食归来先喂母，母亲从前喂过我。"他也教孩子们唱《长城歌》，教导他们热爱祖国。

丰子恺授课深入浅出，很受学生欢迎，也得到了他的母亲和三姐的认可。一次，三年级一个姓钱的女学生，因小名叫补金，同学给其起了绰号"补钉"，以取笑作乐，该学生被气哭了。丰子恺问明原因，一边教育学生们不可起绰号取笑同学，一边安慰该学生，并为她取名钱青，还根据古诗"青青子衿"一句，为其取字子衿，使该学生破涕为笑。钱青后来成为著名作家，曾留学日本。她写过《丰子恺与故乡女校》《丰子恺的母亲》等文章，记述当年自己在振华女校读书的情况、丰子恺与振华女校的关系，以及对丰子恺母亲为人处事、教育子女等往事，认为丰子恺一生为人淳朴敦厚，也是秉承了其母亲的言传身教。

七

1919年7月，二十二岁的丰子恺从浙一师毕业，拿到了第二十号毕业证书。毕业证书上写的是：

> 学生丰仁系浙江省崇德县人，现年二十二岁，在本校本科第一部修业期满，考查成绩及格，准予毕业。此证。
> 　　　　　　　　浙江省立第一师范学校长　经亨颐
> 　　　　　　　　中华民国八年七月□日

丰子恺雇了一条船，将自己的衣被等日用品及老师李叔同赠送给他的书籍等都装到船上，告别浙一师，告别杭州，沿京杭运河回到了故乡石门湾。

当他的船靠近后河边老屋的时候，镇上的人都来看热闹。大家一看满满一船东西，都以为他带来了什么珍贵宝物呢，竞相观看。后来看到他载回来的只是一船书和日用品，都觉得不可思议，甚至有点大失所望。

当然，这些书和物品，对丰子恺来说无疑是珍贵宝物。因为这里面有他的老师李叔同赠送给他的纪念物，包括李叔同亲笔自撰的一个诗词手卷，一部残缺不全的《莎士比亚全集》原著，李叔同在俗时的一包照片，一册明刘宗周著的《人谱》，这些全都凝结着老师的心血与教诲，于丰子恺当然是极为难得的宝贝了。可惜的是，抗战爆发后，这一船东西与缘缘堂一起，全部化为灰烬。老师留给丰子恺的念想也就只能活在回忆里了。

丰子恺回家以后，一个表兄介绍他到本县做小学循环指导员，月薪三十元。母亲认为这份差事不错，又可以不离开家。但丰子恺迟迟不下决定，他在等待时机。在他心里，自然不甘心只做一名小学老师。艺术的梦想，早在他的心里播下了种子，等待发芽、长成的机会呢。

教书育人两奔忙

丰子恺从小就听大人讲过一句老话,小地方的孩子要有出息,"总要出上海",意谓要到外面的世界去闯一闯,才能闯出一片天地来,才能成为有用之才,不然,只待在一个小地方,难免成井底之蛙。机缘巧合之下,丰子恺也有了机会"出上海",从此,开启了他在上海创业的人生。

一

丰子恺从浙一师毕业回乡后,先在家里待了一段时间,这时候,自然要面临职业选择,以及如何权衡职业与理想追求之间的关系等问题。本来,他读的是师范,毕业后做一名老师,也是理所当然的事。当年与丰子恺同时上省城投考,并一同入浙一师的同学沈元，毕业后恪守师范毕业生任小学教师的传统，回故乡当了小学老师，后来曾任校长。

那时，对丰子恺而言，内心更希望在自己所热衷的绘画方面有所发展，但他的家境不允许他再升学专修绘画。正在踌躇之际，他应两位浙一师时的学长吴梦非、刘质平之邀，一起到上海创办上海专科师范学校。吴梦非是高等师范图画手工专修科毕业，刘质平刚从日本研究音乐而归国，三个人一台戏，学校很快办起来了。吴梦非任校长，丰子恺任教务主任，教授西洋画等课程。

从这个时候开始，丰子恺真正开始了在上海的创业，那是1919年的秋天，他当时才二十二岁。从他到上海办学开始，后来到日本留学，回国后又到白马湖畔春晖中学教书，再回到上海创办立达学园，直到1928年暑假立达学园因经费困难而停办西洋画科，他前后度过了十年左右的教师生涯。

"十年树木，百年树人。"在这十年当中，对丰子恺来说，从做学生到做教师，从初入社会，到三十而立，确实是人生历程中的一个大转折。这十年当中，他在许多不同的地方生活过，角色变动也频繁，收获也很多。

其一，增长了阅历与见识。无论是在上海还是在上虞白马湖，无论是在国内还是在日本，无论是做教师还是去留学，丰子恺都经历了一种全新的体验。尤其是在游学日本时，他发现了竹久梦二的漫画，随后《子恺漫画》《缘缘堂随笔》相继诞生，在中国文艺园地里开创了一片独特风景。

其二，通过办学和教学，培养了许多艺术专门人才，可谓桃李满天下。如钱君匋、陶元庆、吴朗西、陈瑜清、鲍慧和、张心逸等都是他的得意门生。

其三，养育了一群可爱的儿女。他们也是工作在外的丰子恺与故乡联系的亲密纽带、从事创作的最好题材，从而促进了丰子恺"赤子之心"艺术观念和"爱的教育"理念的逐步形成。

这十年中，丰子恺是一个工作在异乡的游子。他与故乡的联系，基本上也只是在节假日，于忙碌的工作之余，回乡探亲。他无数次在上海与故乡石门湾之间往来奔波，忙忙碌碌，泛泛浮生，为稻粱谋。

二

为了生活，丰子恺除了在自己办的学校上课外，还在上海的其他学校如东亚体育学校、爱国女学、城东女学等兼课。丰子恺当时结婚不久，他还把妻子徐力民从石门湾接到上海城东女学专修科学习图画。平日里，夫妻两人各自住宿在校内；到了周末，去租旅馆相聚。岳父母来上海游玩时，丰子恺便陪在一旁。

1921年初春，丰子恺靠向亲友借贷，暂时脱离了谋生的教职，抛下妻子和孩子，东渡日本游学。这年冬，因金尽而返。回来后继续在上海专科师范学校任教，同时又在吴淞中国公学中学部兼课，同事中有朱自清、朱光潜、匡互生、陶载良等，吴朗西、陈瑜清等都是中国公学中学部的学生。

1922年初秋，丰子恺由夏丏尊介绍赴浙江上虞白马湖，任春晖中学的图画、音乐和英文老师。就在白马湖畔的"小杨柳屋",孕育了著名的"子恺漫画"。在春晖中学期间,他还在宁波的浙江省立第四中学、育德小学等校兼课。丰子恺在白马湖畔美丽的山水间,度过了两年多舒适安闲的生活。

可好景不长,1924年冬,因学校压制学生,排挤匡互生、丰子恺等几位与学生亲近的老师,匡互生出走,学生罢课,丰子恺等也离开了春晖中学。回到上海后,他与匡互生等人一起开始筹建立达学园。

1925年初,由匡互生、朱光潜、丰子恺等与中国公学部分师生联合创办的立达中学正式成立。"立达"取自《论语》"己欲立而立人,己欲达而达人"之意。当时的办学条件极为艰苦,作为创办人之一,丰子恺曾卖掉了小杨柳屋作为办学经费。2月25日,立达中学开学,实行新的教育方法,主张"爱的教育"。3月,丰子恺等又成立了立达学会。在上海时,丰子恺结识了郑振铎、叶圣陶等许多文学界的朋友。这年夏天,立达中学人数猛增,学校改称"立达学园"。1926年9月,立达学园新校舍在上海北郊江湾建成,丰子恺全家迁居至永义里立达学园的教职员宿舍。

丰子恺与立达学园关系密切,他不仅是立达学园的创办人之一,还任校务委员会委员,担任西洋画科负责人,而且一直参与立达学园的建设。1928年暑假开始,立达学园因经费困难,西洋画科停办,丰子恺不再任课,从此便在江湾缘缘堂著述谋生,开始了他的自由职业者生活。1933年夏,由于国民党反动势力渗入立达学园,学园渐渐变质,丰子恺不再过问立达校务。

1923年至1925年间，丰子恺曾兼任上海大学教职，担任音乐教师。该校学风严谨，革命气息浓厚，培养了一大批仁人志士。1926年1月开始，丰子恺在复旦实验中学、澄衷中学兼课。就在这一年，开明书店创立，丰子恺与夏丏尊等人任编辑。1929年秋季开始，他还到松江女子中学兼课。

1930年正月，母亲钟云芳去世。这年秋天，丰子恺因患伤寒，辞去所有教职，休养身体，之后基本上以著述谋生。

三

纵观丰子恺多年的教师生涯，主要是为了谋生，但在教书育人的过程中，他也结识了许多文艺界的朋友，而且桃李满天下，为人敬仰。其中有几位与他密切交往的同乡弟子，如钱君匋、张心逸、陈瑜清、鲍慧和等，后来都成为他文学艺术上的同道者。

钱君匋（1907—1998），桐乡屠甸人，比丰子恺小九岁，是丰子恺在上海专科师范学校时的学生。后来成为集书籍装帧、书画篆刻、诗文创作、音乐创作、编辑出版和艺术收藏于一身的文艺大家。丰子恺与他有着深切的师生情谊，可谓意气相投，在五十多年交往中留下一段佳话。

钱君匋自幼喜好读书写字画画。

钱君匋

1923年春，他由老师钱作民介绍给丰子恺，免试插班进入上海专科师范学校，攻读国画和音乐，后以优异成绩毕业，但毕业后找工作却成了问题。钱君匋给丰子恺写了一封信，希望老师能介绍一份工作。丰子恺在回信中毫不留情地批评钱君匋："一封要求别人帮忙的信里，竟然措辞不当，错别字一堆，句子也不通顺；我不能给你介绍工作，你先把文化课好好补补吧！"钱君匋看完信，无地自容，随即发愤读书。后来，丰子恺介绍他去台州的浙江省立第六中学担任音乐课教师。1926年8月，章锡琛在上海创办开明书店，丰子恺也是发起人之一。1927年秋，开明书店因业务扩大，需要人手，章锡琛便邀请钱君匋进入开明书店，担任音乐美术编辑，同时，负责书籍装帧设计，这使钱君匋的才华得到全面发挥，尤其是在封面设计方面，在上海出版界赢得"钱封面"的雅号。

钱君匋在开明书店担任编辑期间，编辑出版的第一本书就是老师丰子恺的《音乐入门》。之后，钱君匋还编辑出版了丰子恺翻译的《孩子们的音乐》（1927年11月）、《艺术概论》（1928年5月）、编著的《西洋美术史》（1928年）、《西洋画派十二讲》（1930年3月）、《学生漫画》（1931年9月）、《儿童漫画》（1932年1月）、《开明音乐教本》（1934年11月）等多种音乐和美术著译作品。

1938年6月，钱君匋和几位满怀抗日救亡热忱的青年，在上海创办了万叶书店，钱君匋担任总经理。为支持钱君匋，丰子恺后来的许多书都在万叶书店出版。1938年10月，钱君匋创办了一份抗日救亡的文艺期刊《文艺新潮》,丰子恺、巴金、靳以、陈望道、罗洪、郑振铎等一些进步文化人士纷纷为其撰稿。

抗战胜利后,丰子恺从重庆回到上海,住在西宝兴路汉兴里。后钱君匋请老师一家到位于卢湾区南昌路邻园村的万叶书店二楼居住,明亮宽敞的房舍使丰子恺全家颇感安然。后钱君匋挑选丰子恺在抗战时期创作的大量漫画精品,以《子恺漫画选》为名由万叶书店编辑出版。接着,他又编辑出版了丰子恺创作的《绘画鲁迅小说》。此外,在万叶书店出版的丰子恺的著作还有《毛笔画册》(1—4册)(1946年4月)、《率真集》(1946年10月)、《劫余漫画》(1947年5月)、《小钞票历险记》(1947年10月)、《音乐十课》(1947年10月)等几十种。当时上海出版机构众多,但万叶书店和开明书店,是出版丰子恺作品最多的两家出版社,这也与钱君匋、章锡琛两人是分不开的。

20世纪50年代,钱君匋出资赞助,与丰子恺等人一起在杭州筹建弘一大师舍利塔。1975年9月15日,丰子恺去世,钱君匋作诗《哭丰子恺先生》,以示哀悼。他们两人五十多年的情谊,非同一般。

张心逸(1908—1986),桐乡石门人,1908年出生于石门镇上的一个小康之家,原名张聿,初字逸心,后改为心逸,五十岁后又改为星逸。他比丰子恺小十岁,在故乡时就随丰子恺学习日语和绘画,并经丰子恺培养入上海新华艺专读书。在上海时,张心逸是丰家的熟客。丰子恺对这个同乡后辈像对待自家子弟一样直率和真诚,对他的成长和发展提供过很多帮助。张心逸对丰先

钱君匋书法作品

生和丰师母也如对自己长辈一样亲近和敬重。1949年4月，丰子恺从香港初回上海时，一家人无处落脚，就在西宝兴路汉兴里张心逸家中暂住数月。丰子恺对张心逸的影响很大，知道张心逸有意研究元曲，当即写信把他介绍给自己的朋友、中国古典戏曲研究专家赵景深教授，赵景深曾给张心逸很多指导和帮助。"文革"时因停薪，张心逸只好将家眷留在上海浦东，只身回到了故乡石门，重点研究《诗经》。

丰子恺去世后，出于对老师的崇敬，张心逸一直想在故乡石门镇为先生留点纪念物。"文革"结束后，拨乱反正。张心逸在石门镇的祖屋张家厅由政府收购，他获得了一笔七千多元的补偿款，想用其中一部分钱建造一个"子恺文库"，用于收藏和陈列丰子恺的著作及有关书籍，也可作为石门镇的图书馆使用，后因一些客观原因未能办成。张心逸一生谨记丰子恺教导的两句话，第一句是：一个人能来到这个世界，是极其偶然的；第二句是：人到这个世界上来，不仅仅是为了吃饭。

陈瑜清（1908—1992），桐乡乌镇人，茅盾的表弟，原名陈璠，笔名诸侯，浙江图书馆研究员。1916年由姑母陈爱珠（茅盾的母亲）从乌镇带到上海求学，1925年春进入上海立达学园，丰子恺正是他的音乐和日语老师。从此，丰子恺与这名来自家乡的学子结下了半个世纪的师生情谊。

1925年，陈瑜清因参加"五卅"运动，遭到通缉，离开立达去日本留学。1928年又赴法国读书。1932年归国，先后在广东新会、福建泉州、上海南翔等地学校任教。1937年，在南京训练总监部（后改名军训部）军学编译所担任法文编辑，中校军衔。

抗战时期，在武汉、桂林、重庆等地，陈瑜清几次与老师丰子恺相遇，再续前缘。

第一次是在汉口，时间是1938年4月，他们在路上偶遇。这是他们分别十三年之后的重逢，彼此都很高兴。匆匆一见，又匆匆分别。得知陈瑜清和毕德孟新婚，丰子恺专门画了一张画，由周丙潮代为送去，作为贺礼。陈瑜清如获至宝，把它挂于新房中。

第二次是在桂林，时间是1938年9月。陈瑜清随军训部迁至广西桂林，他们住的旅馆起火，行李全部被烧光。在路上，他又有幸遇见了丰子恺。第二天，陈瑜清带家人去两江圩拜访丰先生，请先生代为找房子。丰子恺热情地接待，并答应为他们找房子，还特地买了饼子和甘蔗来请他们吃，陈瑜清十分感动。

第三次是在重庆，时间是1942年秋冬，丰子恺应国立艺术专科学校校长陈之佛之邀，率家眷抵达重庆，担任学校的教授兼教务主任，开始全家寄居在陈之佛家楼上。而陈瑜清早在1940年春就到了重庆。他们又一次在路上相遇。这次，是在陈瑜清的介绍下，丰子恺一家住到风生书店前楼（而陈瑜清一家住在后楼），丰子恺还为风生书店写了招牌。他们两家从此结伴为邻，朝夕相处有半年之久。1943年5月，丰子恺由风生书店迁居刘家坟，后在庙湾租地建屋，取名"沙坪小屋"。两家分开后，仍然时有往来，尤其是丰子恺一家对陈瑜清一家生活上多有照顾，虽然当时丰家的日子也过得很艰辛。在那样的乱世，丰子恺与陈瑜清这样的师生情谊，尤见可贵。

新中国成立后,陈瑜清先后在重庆、辽宁等地任职,后调入浙江图书馆担任副研究员,携全家迁回杭州,途经上海时专门去陕西南路"日月楼"拜访老师丰子恺。当丰子恺得知学生去浙江图书馆工作,主动写了一张便笺,将他介绍给时任浙江图书馆馆长的张宗祥。

之后,陈瑜清在浙江图书馆主要负责外文图书分编和采购工作,同时还从事外国文学翻译,积极介绍和推广外国优秀文学作品。1985年,陈瑜清撰写了《怀念丰子恺》一文,发表在《湖州师专学报》等报刊上。这年9月15日,丰子恺先生逝世十周年之际,陈瑜清专程来石门镇参加丰子恺故居"缘缘堂"的重建揭幕仪式,题写了"沐恩有自、报德无由"八个大字,寄托对恩师的缅怀与感恩之情。

鲍慧和(1912—1969),嘉兴人。1930年春,丰子恺一家迁至嘉兴南门杨柳湾金明寺弄4号租屋,在那里居住了两年。也是在嘉兴时,丰子恺第一次正式收了一名弟子,他就是鲍慧和。鲍慧和因仰慕丰子恺的书画艺术,托人介绍拜丰子恺为师。丰子恺看出鲍慧和是一个十分忠厚且很有学识的人,便让鲍慧和做了几个孩子的家庭教师。在丰子恺的鼓励下,鲍慧和于1931年秋进入上海美术专科学校西画系,1934年毕业。从1935年起,他的画陆续在《太白》《宇宙风》《时事新报》《立报》等报刊上发表。丰子恺对鲍慧和十分钟爱,曾说:"接我衣钵者,唯慧和矣!""摹我画者,以前不乏其人,惟吾徒鲍慧和最得吾心。"

在抗日战争时期,鲍慧和追随丰子恺,于1939年从上海到桂林，与丰子恺一家相聚。丰子恺甚是感慨，他说："见鲍慧和，乃我流离后快事之一。"丰子恺给鲍慧和介绍教书的工作。1941年，鲍慧和在西安东南中学任教。1943年，丰子恺与鲍慧和在西安、洛阳两地举行了丰、鲍师生画联展。抗战胜利后，丰子恺回到上海，曾寄居鲍慧和家。1969年，鲍慧和死于肝癌。丰子恺对鲍慧和的评价是："温良恭俭，多才多艺。"

四

这十年（1919—1929），对丰子恺来说，用"教书育人"四字来概括最是合适。在辛苦奔波、从事教书之余，丰子恺和徐力民这对令人羡慕的夫妻，风雨同舟，养育了一群可爱的儿女。儿女的先后诞生，虽说大大增加了家庭的负担，却也给丰家带来无上的快乐，尤其是为丰子恺的艺术创作提供了取之不竭的灵感和素材。

丰子恺的第一个孩子是在他们婚后第二年夏天出生的。1920年8月28日（农历七月十五），长女丰陈宝（即阿宝）在上海出生，外公引用《史记》中的典故为她取名"丰陈宝"。翌年，即1921年10月6日（农历九月初六），次女麟先出生于石门湾。当时，丰子恺正在日本留学，还是外公帮忙取名"麟先"，麟是男儿，意思是"男儿先行"，后面就是儿子了。可是，第三个孩子还是女孩，那便是两岁就夭折的三宝，后来丰子恺作的《亡儿》一画以及《阿难》一文，便是为了纪念三宝的。

1923年春，丰子恺在上虞白马湖畔的春晖中学任教，妻子徐力民和长女阿宝也前去白马湖共住了一段时间。第二年春，即1924年3月24日（农历二月十六），长子华瞻就出生于著名的小杨柳屋。不久，丰子恺的母亲钟云芳、三宝及丫头来到白马湖，三姐丰满也带女儿宁馨随往，全家人一起生活在白马湖畔。丰子恺在这美丽的山水间与家人团聚，共享天伦之乐。但好景不长，这年冬天，丰子恺等离开春晖，到上海创办立达学园。

1926年夏，丰子恺的儿子奇伟在上海江湾安乐里出生，可惜五岁时就夭折了。之前三宝的早夭，曾令丰子恺深感人生的无常，而做母亲的徐力民更是伤心不已，以至怀奇伟时早产了。后来，奇伟早逝，又使丰子恺夫妇悲伤万分。

1927年7月13日（农历六月十五），次子元超（后改名元草）在上海江湾永义里出生，给丰家带来了新的快乐。

1929年5月6日（农历三月二十七），徐力民又生下一个女孩，便是丰子恺的幼女丰一宁（后改名一吟）。当时，因为孩子已太多，外公给取名"一宁"，意思是"得一以宁"，以后不可再生了。后来一宁在石门镇上小学，被校长兼老师的五爹爹（即丰云滨）误写为"一吟"，从此就习称"一吟"了。

此后很多年，丰子恺夫妇再没有生孩子，直到抗战避难途中，徐力民又生下幼子新枚。丰家的这些孩子，除了新枚，阿宝、麟先、华瞻、元草、一宁，包括丰满的女儿宁馨，都是在丰子恺这十年教师生涯中相继出生的。

儿女成群，得享天伦，为艺术家丰子恺打开了另一个光明的世界。1928年10月10日，丰子恺在《小说月报》发表《儿女》一文，文中说："近来我的心为四事所占据了：天上的神明与星辰，人间的艺术与儿童，这小燕子似的一群儿女，是在人世间与我因缘最深的儿童，他们在我心中占有与神明、星辰、艺术同等的地位。"

在丰子恺笔下，孩子们都成了模特儿，他们扶床学步，其状可爱，丰子恺都取之入画、入文。如《阿宝赤膊》《软软新娘子，瞻瞻新官人，宝姐姐做媒人》《瞻瞻的脚踏车》《穿了爸爸的衣服》《花生米不满足》等。

同时，因为有一群儿女的出现，丰子恺与故乡的联系也更加紧密。有时，他带着孩子们一起生活在故乡；有时，孩子们在石门湾的老家生活，他在上海谋生，周末或假期，他匆匆赶回老家，与孩子们团聚。在相聚与别离，期盼与等待中，他忙碌奔波于故乡石门湾与上海江湾之间，十年匆匆，三十而立。对彼时的丰子恺来说，故乡就是那一群割舍不下的孩子。对故乡的牵挂，因孩子们的存在，而变得更加广大而迫切。

辞职还乡

不受约束,崇尚自由,是丰子恺的天性。他在最初十年的教师生涯中,忙碌奔波,回到故乡石门湾的时间相对较少,只是在节假日,偷闲省亲。但在他的内心,为了谋生,为了养家糊口,实在是迫不得已,不是心甘情愿的。尤其是下班回家,看到妻子拖儿带女,在门口眼巴巴等他回家时,他真想放开这一切,辞职回到家里去,回到孩子们的中间去,过自由自在的生活。

一

自1928年暑假开始,立达学园因为经费困难,丰子恺所教授的西洋画科停办了,就这样,他不再在立达学园授课。而当时的西洋画科学生,则由丰子恺写信推荐给杭州的国立艺术院院长林风眠,教师陶元庆、黄涵秋及学生数十人加入该学院。当时,林风眠不仅接纳了这些师生,还力邀丰子恺同去,但丰子恺婉拒了。从这时起,他便在上海江湾缘缘堂著述谋生,虽然偶尔曾去松江等地兼少量的课,但总体上,这一时期他已开启了自由职业者的生涯,因此有更多时间回到故乡,在石门湾的老屋中,潜心创作并侍奉母亲,教育儿女。

1929年2月,丰子恺创作的《护生画集》第一集由开明书店出版。这一时期,他多数时间在石门湾创作并发表了大量作品。从他的文章中,我们可以看到,丰子恺三十岁左右,思想上有过一段苦闷的时期,这与他客观上遭遇的打击有直接关系,但更多的是因为他的人生经历多了,引发了他的深层思考和改变。

1929年春,好友杨伯豪去世,丰子恺深感惆怅,作《伯豪之死》一文记录他们的友情及对好友的同情与悼念,并生出一种"对于世间的反感,对于人类的嫌恶,和对于生活的厌倦"。同年夏,幼子奇伟夭折,更使他胸中郁闷。这年秋,他曾作《渐》一文,写出年龄到了立秋之后心境的转变,深叹:"至于三十的今日,更知明多之处暗亦多,欢浓之时愁亦重。"可见丰子恺的思想和人生观的日趋成熟与明显转变。他有出世的思想,但自始至终不走消极的道路,而是"以出世的思想做入世的事业"。

而这个时候,丰子恺的母亲钟云芳病重,更使他忧思重重。他为了给母亲看病,曾向上海等地的出版社商借预支稿费,多方筹措生活经费。但最终母亲还是不幸于1930年2月3日(农历正月初五)去世。

丰子恺在故乡为母亲料理后事，服丧四十九天，并开始蓄须。当时，因看病和办丧事的费用，丰子恺不得不向汪馥泉的大江书铺等出版社求援，请其代为支取北新书局允付之款以救急。虽然之前丰子恺忙忙碌碌地从事教师工作，增加了一些收入，但因家庭负担重，经济上还是很不宽裕的。辞去教职后，他潜心创作，最终是靠了作品出版的稿费收入，而建造起了缘缘堂，这对他这样一位甘于清贫的艺术家来说，也殊为不易。

二

母亲的去世，给丰子恺的打击是巨大的。1930年春，守孝期满后，丰子恺离开故乡石门湾这个伤心之地，全家迁居至嘉兴杨柳湾金明寺弄4号。这年秋，丰子恺生了一场伤寒病，在嘉兴这个清静的地方养病，他之前还曾有少量兼课，这时已彻底辞去所有教职。病愈后，他偶尔也去上海江湾，虽不兼课，但当时仍挂着立达学园校务委员之名。丰子恺曾自谓："故乡石门湾，工作在江湾，暂寓杨柳湾，平生与'湾'有缘。"因而得了"三湾先生"的雅号。

在嘉兴金明寺弄的那段时光，对于阿宝、林仙等几个刚刚懂事的孩子来说，也是她们童年生活里的美好记忆。丰陈宝写过《丰子恺在嘉兴》一文，丰宛音也写过《忘不了金明寺弄那幢大宅》，都详细描绘了金明寺弄4号那幢老式楼房的生活环境和亲身经历的各种美好往事。

金明寺弄4号是一幢两进的老式楼房，一进大门便是一个大院子，穿过院子是一个大厅，楼上有两间卧室，第二进是一间楼房和一间砖地平房，这平房便是丰子恺的书房。大厅的右边有三间平房，是厨房、工人房间和柴草房。平房前面也有一个大院子，两个院子之间有墙隔开，有小门相通。

丰子恺和家人在这里前后住了两年。当时，他的好友黄涵秋也住在嘉兴，还有他的学生鲍慧和。

与儿女们一起偷得浮生一时闲，给丰子恺许多安慰。他曾作《仿陶渊明〈责子〉诗》，诗曰："阿宝年十一，懒惰故无匹。阿先已二五，终日低头立。软软年九岁，犹坐满娘膝。华瞻垂七龄，但觅巧克力。元草已四岁，尿屎还撒出。不如小一宁，乡下去作客。"责子，也是怜子、爱子，诗中字字句句都是父亲对孩子们的欣赏与爱怜。

这段时间，丰子恺离开喧嚣和无谓的应酬，在与石门湾毗邻的嘉兴这个宁静幽美的小城，过起了陶渊明式的隐居生活，没有什么来客，每天只有邮递员来送一大摞的报刊和信。他基本上终日埋头写作，傍晚与孩子们一起在庭院走走，或到杨柳湾去散散步，看到可入画的人和物，就从怀里摸出速写本来写生。有一次，散步途中，看到前面一老一幼，看起来像祖孙俩，时值隆冬，他们都穿着有本地特色的冬装，丰子恺就悄悄画下来，题为《冬》。散步归来后，他开始晚酌，以后园摘来的新鲜蔬菜下酒，特别鲜美。他对家人说："到了嘉兴，我几乎成了隐士，金明寺弄成了我的世外桃源了。"

第二章 · 游子思故园

丰子恺漫画《冬》

在这个世外桃源,丰子恺创作了许多作品,如《我的苦学经验》《立达五周年感想》《寄宿舍生活的回忆》《旧话》《甘美的回味》等随笔佳作,都是在嘉兴时期写就。同时,《缘缘堂随笔》首次结集出版,他还出版了译著《初恋》《美术概论》等,其《音乐入门》一书也在此时再版。他的稿费收入一下子增多,为以后筹建缘缘堂,提供了先决条件。

这一时期,还有一件事值得一提:1932年,丰子恺曾应母校(石门湾崇德县立第三高等小学)校长沈元之请,为该校作校歌并谱曲。歌词有"强则生存弱则亡……他年努力雪国耻,增我邦家光"之句,勉励同学奋发图强。

就是从这一年开始,在故乡石门湾建造新屋缘缘堂,摆上了丰子恺的重要议事日程。

第三章 红了樱桃,绿了芭蕉

缘缘堂

缘缘堂下水悠悠,风物源长春复秋。

欣有百年生气在,旧栖平屋换新楼。

2016年，《丰子恺全集》由海豚出版社出版，共计五十册，洋洋大观。丰子恺一生留下无数漫画、随笔等作品。就故乡石门而言，更为幸运，丰子恺还在这里精心设计创作了一件杰作，那便是石门缘缘堂。有了缘缘堂，石门这个有着深厚历史文化底蕴的水乡小镇，才更具文艺气息，令无数"丰迷"慕名前来"朝圣"。过去，缘缘堂是丰子恺读书创作、闲居生活的一个理想之所；如今，它更成为桐乡乃至整个江南地区的一处独特的文学地标。

一支笔，建起缘缘堂

在江南城乡，造房子可是天大的事。对商贾大户来说，赚了钱，在老家建屋，光宗耀祖，是极平常的事。而对清贫的文人来说，靠稿费造屋，更是一件非常了不起的壮举。

在桐乡，文学巨匠茅盾曾用稿费在老家乌镇造起了新屋。无独有偶，丰子恺也用自己写作得来的六千元稿费，在老家石门湾建起了缘缘堂。究竟是什么力量，促使丰子恺下决心造屋？

一

事情还得从头说起。丰子恺从故乡走出去，在杭州求学五载后，又到上海办学、教书，为了生活，四处奔波。十年的教师生涯，他太忙了，根本无法静下来做内心想做的事。刚过而立之年的丰子恺，毅然辞去教职，再次回到故乡石门湾的时候，无论是对社会人生，还是对他所钟爱的文学艺术等诸方面的认知，皆有了很大的变化。

转眼间，丰子恺最敬爱的母亲离世两年多了。在老家造新屋，是他母亲生前的愿望。眼下，儿女们渐渐长大，解决一大家子人的居所，也是现实的需要。从他内心来说，更需要一个安心创作的环境，一个安放心灵的所在。诸多方面的因素，促使丰子恺决心造屋。1933年春，缘缘堂正式落成，不用说，它是丰子恺理想中的一个乐园。

关于缘缘堂，有两个有缘人必须提到，那便是丰子恺的老师弘一法师和丰母钟云芳。

众所周知，"缘缘堂"这个名字先于它在石门湾建成之前就有了。早在1926年冬天，弘一法师曾住在上海江湾永义里丰子恺的寓所中，他以抓阄的方式为丰子恺寓所取名为"缘缘堂"。其后，丰子恺自称"缘缘堂主人"，出版第一部散文随笔集时，也以《缘缘堂随笔》冠名，缘缘堂遂成为他享誉海内外的文画风格的独特象征。

说到那次取名的过程，也是有趣。当时，丰子恺请弘一法师为自己的寓所取个名字。弘一法师让他在小方纸上写几个自己喜欢而又可以互相搭配的字，团成小纸球，撒在释迦牟尼画像前的供桌上。他抓了两次阄，拆开一看都是"缘"字，于是，就将寓所命名为"缘缘堂"。他当即请弘一法师写了一幅横额，装裱后挂在上海江湾的寓所中。后来，他迁到哪里，就把这幅横额挂到哪里，哪里也就成了缘缘堂。按丰子恺自己的说法，上海江湾永义里的缘缘堂，只是一个象征性的名称，是"灵"的存在。直到六年之后，石门缘缘堂建成，方才给缘缘堂赋以真正的"形"。所以，弘一法师是缘缘堂的第一个有缘之人。

二

第二个有缘之人便是丰子恺的母亲。其实，说到造新屋，也是他母亲的一个心愿。当年为了支持丰子恺去日本留学，母亲顶着族人的质疑，毅然卖掉了一处祖屋。之后，母亲一直想造新屋，很早已经开始计划了。丰家老屋惇德堂是一幢百年老屋，三开三进，住着丰氏三房，丰子恺一家只住中间"一直落"，条件比较艰苦。他父亲用作书房兼卧室的只是一个地板间，"窗前是一个小天井，天井里养着乌龟……旁边便是灶间……因此烟气、腥气、臭气，地板间里时有所闻"，居住环境之差可见一斑。他父亲在四十二岁上就不幸患肺病，在这地板间里去世了。

丰子恺结婚后，一群儿女先后出生。而这时，老屋已很衰颓。他母亲很早就想造新屋，便在老屋后面买下一块地基，就是后来建造缘缘堂的地方。因为当时手头不宽裕，造屋的念头未曾付诸行动。后来生活渐渐宽裕，造屋便摆上议事日程。1928年，母亲借了根六尺杆，母子俩悄悄到空地上测量、计议。但终因资金不足，没有正式启动。不承想，两年后，母亲便去世了，造屋的心愿未了，终成遗憾。从此，决心造新屋，实现母亲生前的心愿，成为丰子恺心头的一件大事。

要造一幢楼，又谈何容易！首先要筹集资金。母亲去世后，丰子恺辞去全部教职，专事创作。正是靠着他的勤奋著述，终于积够了一笔钱款，才决定实现两代人的造屋心愿，在母亲买下的地基上造起了新居——缘缘堂。1933年春，石门缘缘堂正式落成，而这时候，他母亲去世已有三年了。

当时，缘缘堂的造价共计六千元。而这六千元，就是丰子恺那几年埋头著译所得的稿费，是他用一支笔一笔一画写出来的。

一支笔，造起一幢楼。一支笔，撑起一片天。一支笔，打开一个新世界。这绝不是神话。

三

筹足了钱后，丰子恺开始启动造新屋。他亲自设计图纸，按照自己独特的审美要求，又结合石门湾这个古风犹存的小市镇的实际情况，来确定缘缘堂的建筑风格。从整体建筑到室内所用家具，无不做到尽善尽美，使其"内外完全调和"。

缘缘堂动工的这一天，整个石门镇都轰动了，大家都来观看丰家造新房子。当时，丰子恺忙于上海的学校工作，就由他姑母和族人代为监工和照料。不到半年，在1932年夏秋之际，新居缘缘堂就建成了。当丰子恺从上海回来时，惊讶地发现建筑工人为了利用东边一块空地，把缘缘堂建成了不规则的梯形建筑，形成了南宽北窄的格局。虽然别人对这一点都没怎么在意，可丰子恺一眼就看出问题来了。他认为环境支配文化,只有住在正直的房子里,才能培养孩子们正直的天性,怎么可以把房子造成梯形?

当时,砖墙已经砌好,刷成了白色,甚至连窗框也装好了。众人都劝丰子恺:"算了,斜一点有什么关系?多占一点地皮还不好吗?"但丰子恺坚决不同意:"不行!我不能传一幢歪房子给子孙!"他下令拆造,重新把房屋框架纠正,宁肯多花一大笔钱,也要把房子修正了。

为此,丰子恺还特地让儿女们早点从学校赶回来,参观这一拆建的壮举,也是为了让孩子们接受教育。

最后,他重新召来工匠,调正了屋架,重新砌墙盖瓦,使新屋真正达到了"全体正直、高大"的审美要求。这一次返工,不仅使他多花费数百元,还使新屋推迟到了1933年春天才竣工。而在缘缘堂东面墙门和梅纱弄之间形成了一长条三角形的夹弄,这里后来种了两棵重瓣桃。再后来,重建缘缘堂时,仍然保留了这条夹弄,种了两株广玉兰。

丰子恺拆斜修正之举,在小镇石门湾一时传为美谈。这也体现了他一贯秉持的认真、正直的人生态度和高尚品格。

不但如此,在室内摆设上,丰子恺也始终坚持自己的原则。有一次,上海的友人要将一个木雕的黑人捧茶盘送给他,作为室内摆设,被他婉言谢绝了。他认为这种摆设与缘缘堂的格调不协调,他宁可不领朋友的情,也不能对自己的审美将就一点点。

1933年春,位于木场桥梅纱弄8号惇德堂后的新屋缘缘堂终

丰子恺故居缘缘堂

1934年,丰子恺在石门湾缘缘堂

于建成了,夹梅纱弄与老宅相对。丰子恺满意地看着这座轩敞、正直的新居,亲笔题写了"欣及旧栖"四个字,请人雕嵌在墙门的水磨砖上。之后,丰子恺和家人搬入缘缘堂新屋,从此读书著述,度过了五年多舒适的闲居生活。

缘缘堂风情

丰子恺曾在文章中写到他对缘缘堂的钟爱:"倘秦始皇要拿阿房宫来同我交换,石季伦愿把金谷园来和我对调,我决不同意。"这不是夸张之辞,是他宝爱缘缘堂的心声。

一

即便用阿房宫、金谷园也不肯换的缘缘堂,究竟是什么样子,又是怎样的好法?

其一,它有格调。

先看它的总体设计风格。缘缘堂完全按照丰子恺的意愿来设计,是中西结合的典范。其"构造用中国式,取其坚固坦白。形式用近世风,取其单纯明快。一切因袭、奢侈、烦琐、无谓的布

丰子恺使用过的挂钟，现收藏于缘缘堂

置与装饰，一概不入。全体正直、高大、轩敞、明爽，具有深沉朴素之美"。

再看它的整体布局及陈设。缘缘堂正南向的三间，中央铺大方砖，正中悬挂马一浮先生写的堂额。壁间常挂的是弘一法师写的《大智度论·十喻赞》和"欲为诸法本，心如工画师"的对联。西室是丰子恺的书斋，四壁陈列图书数千卷，挂着弘一法师写的"真观清净观，广大智慧观；梵音海潮音，胜彼世间音"的长联（此联抗战时被毁，1939年春，丰子恺又请远在漳州的弘一法师重写了一幅）。东室为食堂，内连走廊、厨房、平屋。四壁挂的都是沈寐叟的墨迹。堂前大天井中种着芭蕉、樱桃和蔷薇。门外种着桃花。后堂三间小室，窗临院落，院内有葡萄棚、秋千架、冬青和桂树。楼上设走廊，廊内六扇门，通入六个独立的房间，便

第三章 ● 红了樱桃，绿了芭蕉

是全家人的寝室。秋千院落的后面，是平屋、阁楼、厨房和工人的房间，紧凑、实用而不失雅致。

其二，它有情趣。

丰子恺建造缘缘堂，既是为了完成母亲的遗愿，也是为了有一个安心创作的居所，更是为了有一个培养孩子们好真、乐善、爱美天性的环境。在他看来，只有像缘缘堂这样光明正大的环境，才最合自己的心意，也更适合涵养孩子们的天性。自1933年春日落成，至1937年秋冬全家仓皇逃离，这期间有五年多时间，丰子恺和他的家人，幸福地生活在缘缘堂的怀抱里。五年时光虽不长，但事后回想起来，丰子恺仍觉得这几年的生活，最使他憧憬。他亲手建造的这件杰作，缘缘堂的四季风景，各有不同，令人神往，更使他难忘。

春天，两株重瓣桃戴了满头的花，在门前站岗。门内朱楼映着粉墙，蔷薇衬着绿叶。院中秋千亭亭地立着，檐下铁马叮咚作响。堂前燕子呢喃，窗内有"小语春风弄剪刀"的声音。这和平幸福的光景，使丰子恺难忘。

夏天，缘缘堂前，红了樱桃，绿了芭蕉，形成强烈的对比，分明是"流光容易把人抛"，向人暗示"无常"的幻象。那樱桃与芭蕉，便成了丰子恺漫画、随笔描绘的对象。那葡萄棚上的新叶，把室中人物映成绿色的基调，添上一种诗情画意。垂帘外人影参差，秋千架上时闻笑语，那是孩子们在游戏。门外刚挑过一担"新市水蜜桃"，又来了一担"桐乡醉李"。喊一声"开西瓜了"，忽然从楼上楼下跑出一群可爱的孩子。傍晚来了客人，芭蕉荫下立刻摆座小酌。丰子恺整日伏案写作，此时便是最放松的一刻。这畅适的生活，也使他难忘。

秋天，芭蕉的叶子高出墙外，又在堂前盖造一个天然的绿幕。葡萄棚上果实累累，时有孩子在棚下的梯子上爬上爬下。夜来明月照高楼，楼下的水门汀①映成一片湖光。伴着秋虫的合奏，各处房栊里有孩子在挑灯夜读。这清幽的一幕，又使丰子恺难忘。

冬天，屋子里一天到晚晒着太阳，炭炉上时闻普洱茶香。一家人团坐在阳光下吃冬春米饭，吃到后来都要出汗解衣。廊下晒着一堆芋头，屋角藏着两瓮新米酒，菜橱里还有自制的臭豆腐干和霉千张。好一派江南佳丽地，富贵温柔乡。星期六的晚上，孩子们伴着坐到深夜，在火炉上烘年糕、煨白果，直到北斗星转向。这安逸温暖的滋味，更使丰子恺难忘。

自从丰子恺带着一家老小辞别缘缘堂，避难他乡，漂泊四方，有时住旅馆，有时住船上，有时住村舍、茅屋，有时还住人家的祠堂、牛棚。但凡身之所在的地方，他只要一闭上眼睛，就会想起故乡的缘缘堂。

其三，它有内涵。

缘缘堂建成后，丰子恺就在堂内收藏了大批书籍和字画。楼下的西室是他的书斋，四壁陈列图书数千卷。而楼上中间一间是他的卧室兼书房，里面更是陈列着许多珍贵的书籍，尤其是以古

---

① 水门汀：英语cement（水泥）的音译，指用水泥或混凝土为主要材料的建筑。——编者注

第三章 ○ 红了樱桃，绿了芭蕉

丰子恺漫画《樱桃豌豆分儿女，草草春风又一年》

典文学为主,举凡古代文史、诗词、小说,应有尽有,还有大量的碑帖和画集。

因房间朝南而且有大面积的玻璃窗,丰子恺的书房特别敞亮。窗边经常挂着他手写的小条幅,都是平时特别喜爱的诗句,内容经常更换。比如:"梁上燕,轻罗扇,好风又落桃花片。""人散后,一钩新月天如水。""红了樱桃,绿了芭蕉。""月明松下房栊静,日出云中鸡犬喧。""人间欲避风波险,一日风波十二时。""眼界大千皆泪海,为谁惆怅为谁颦。""丹青不知老将至,富贵于我如浮云。"这些为人熟知的诗句,后来都成了他古诗新画的漫画题材。

丰子恺常常坐在窗前的书桌旁读书创作,桌上除了文房四宝,

丰子恺在缘缘堂作画

还摆着一只古色古香的紫铜小炉,炉里终日点燃着寿字香,因而整个书房总是弥漫着清雅的幽香。正对书桌的墙壁上,挂着一张素绢装裱的横幅,上面是他手书的"春晖楼"三字。

说起这春晖楼,还得追溯到当年他东渡日本求学之前,为了筹措留学经费,他母亲曾卖掉一栋祖宅。此事曾遭族人的非议与指责,母亲听了很伤心。他便宽慰母亲说:"现在卖旧屋,他年定当盖新屋,奉养您老人家。"母亲去世三年后,缘缘堂才落成。丰子恺在无限伤感之余,给书房取名"春晖楼"以志永念。缘缘堂上梁那天,他还叫家里做了许多上梁馒头,馒头上面都盖上"春晖"的红印,这个图章也是他自己刻的。上梁那天,在一片响亮的爆竹声中往下散发上梁馒头,邻里乡亲都欢欢喜喜跑来抢拾馒头,场面十分热闹。

二

最有内涵的,自然是缘缘堂中丰富的藏书。其中有两部书很是特别:一部是木盒装全套的《吴友如画宝》。那是抗战前夕,从上海的一家书坊寄来的。但没等丰子恺好好欣赏,石门湾突遭敌机轰炸,他便率全家仓促辞别缘缘堂,走上逃难之路。后来,他不止一次慨叹说:"这是缘缘堂的最后一部藏书啊!"

还有一部,就是1935年开明书店出版的《二十五史》。书的封面上有"缘缘堂藏书"几个烫金的字。这部书出版时,开明书店特向书店创办过程中的有功之臣各赠一部。为了使这次赠书更有纪念意义，开明书店还特意按各人要求给每个受赠者在书封上烫了金字。作为开明书店元勋之一的丰子恺，因当时缘缘堂已建成，便要求烫上"缘缘堂藏书"五字。从此，这部书就成了缘缘堂的珍藏之一。丰子恺匆促避难西迁之前，只拣出一小部分轻便易带、日常要读的书籍，而这部《二十五史》和其他大批书籍只能留存在堂内。

在逃难途中，丰子恺听闻缘缘堂已为日军炮火所毁，想必该书亦同遭厄运了。没想到，抗战胜利后，他回杭定居时，外甥蒋正东摇着船从石门乡间送来了一批从缘缘堂抢救出来的器具和藏书，其中就包括了这部开明版的《二十五史》。

原来，丰子恺一家逃难后，他的妹夫蒋茂春对留在堂内的大批藏书和日用器具颇为忧虑，就与儿子蒋正东赶去抢救出了一些书籍和箱笼器具等，用船运回南圣浜乡间保存，这套书才幸免于难。后来，日军扫荡日益猖獗，到处纵火烧房。为防不测，蒋茂春父子就将书籍扛至野外，埋入地下。待时局稍稳，才重新挖出，运回家中。但不少线装书已霉烂无用，幸好这部《二十五史》是布面精装，又有封套，故除了封套、封面有所损伤外，书芯仍完好无损。面对这劫后余生、失而复得的书籍，丰子恺感慨万分。

谁也想不到，在"文革"中，这部书再一次遗失了。直到1987年8月间，丰子恺幼女丰一吟得到一个令人振奋的消息，福州路上海书店的旧书库中发现了一部缘缘堂旧藏的《二十五史》。她连忙打电话请求书店保留此书，然后急忙赶到上海书店二楼旧书库，果然见到了这部半个世纪以前的缘缘堂藏书，厚厚五大本的《二十五史》,另加一索引本。虽然封套已破烂不堪,但抽出一看,黑漆布封面的右下方丰子恺手写的"缘缘堂藏书"五个烫金字,赫然在目。

最后,丰一吟以四百五十元的高价赎回了此书。新加坡的广洽法师闻知此事,深感此书与丰氏缘缘堂情缘未了,又由他出资购买,赠送给石门缘缘堂珍藏。

真所谓书中有奇缘,五十多年的沧桑变迁,有多少故物一去不返,而这部藏书竟能两次失而复得,安然独存。

还是回到当初丰子恺在缘缘堂期间,可以想象,潇洒风神丰子恺,就这样安闲地生活在缘缘堂,坐拥书楼,大隐隐于市,何等惬意。自古以来,一个读书人内心最大的祈求,大概就是拥有这样一幢自己心仪的书楼,安度此生。于丰子恺而言,当时的他应该是最具幸福感的了,"富贵于我如浮云",夫复何求。

1936年,丰子恺(左)与幼女丰一吟在缘缘堂天井花坛上

缘缘堂随笔

丰子恺曾在《故乡》一文中这样写道:"一个人只要能一生涯坐在故乡的家里对花邀月饮酒,就得其所哉。"

确实如此,石门湾缘缘堂落成后,丰子恺一家人终于有了一个舒适的安居之所,丰子恺自己也有了一个静心创作的良好环境,真正是"得其所哉"。

一

缘缘堂对丰子恺而言,犹如陶渊明的世外桃源。丰子恺在这个世外桃源里,生活、创作,与家人共享天伦,悠然自得。

1934年秋,丰子恺的长女陈宝、次女宛音、三女宁馨等一晃已小学毕业,他便带着一群孩子去杭州投考中学,还租了房子在杭州做"寓公"。从这时开始,丰子恺春秋寓居杭州,冬夏回故乡石门湾,闲居于石门缘缘堂或杭州的"行官"①,专事著述,心情舒畅。直到1937年秋冬抗战全面爆发后逃离故乡,前后有五年多时间,这是丰子恺艺术创作的黄金时期。

这段时间,他的文艺思想日趋成熟,创作了大量散文小品、文艺论著和漫画,发表于《文学季刊》《新中华》《东方杂志》《中学生》《论语》《申报月刊》《太白》《人间世》《教育杂志》《文学》等刊物,并出版了《随笔二十篇》《车厢社会》《缘缘堂再笔》等随笔集,《云霓》《人间相》《都市相》《都会之音》等漫画集,以及《绘画概说》《绘画与文学》《艺术趣味》《近代艺术纲要》《开明音乐讲义》《开明图画讲义》《艺术丛话》《西洋建筑讲话》《艺术漫谈》等艺术评论集,共计二十余部,赢得广大读者普遍的喜爱。

二

尤其值得一提的是,丰子恺以"缘缘堂"冠名的随笔。

1931年,丰子恺第一部以"缘缘堂"冠名的散文集《缘缘堂随笔》出版时,石门缘缘堂还没有诞生。自1933年春缘缘堂落成后,丰子恺常居故乡,随笔创作进入了一个高峰。1934年8月,

---

① 丰子恺在《塘栖》一文中提及杭州的寓所,戏称"这寓所赛如我的'行官'"。——编者注

他出版了《随笔二十篇》。1935年7月,出版了《车厢社会》。1937年1月,《缘缘堂再笔》出版。这三部作品集是这个时期丰子恺散文创作的代表作。另外还有《劳者自歌——随感十二则》等。他的随笔脍炙人口,深受读者喜爱,因此也赋予了缘缘堂特殊的文学意义。《缘缘堂随笔》和《子恺漫画》一样,家喻户晓,成为丰子恺文学艺术创作的个人特色品牌。《缘缘堂随笔》的出现,使丰子恺在中国现代文学史上占有一席之地。

丰子恺自己选编、以"缘缘堂"命名的随笔共有四种。按编辑时间看,依次有:1931年1月,开明书店出版的《缘缘堂随笔》,收《剪网》等二十篇散文;1937年1月,开明书店出版的《缘缘堂再笔》,收《物语》等二十篇;1962年编的《缘缘堂新

《缘缘堂随笔》书影(徐盈哲 摄)

笔》，收《敬礼》等三十二篇；1971年至1973年编的《缘缘堂续笔》，收《眉》等三十三篇。后两部在丰子恺生前没有正式出版，丰子恺去世后，部分作品由丰一吟编入《缘缘堂随笔集》，1983年5月由浙江文艺出版社出版。另外，1957年11月，人民文学出版社出版了丰子恺生前编成的《缘缘堂随笔》。

《缘缘堂随笔》还走出了国门。1940年4月，日文版《缘缘堂随笔》出版（由吉川幸次郎译，日本创元社出版），这是丰子恺作品第一次被译成外文出版。日本文学评论家谷崎润一郎认为，丰子恺的文章为"艺术家的著作"。而吉川幸次郎则高度评价丰子恺是"现代中国最像艺术家的艺术家"。

三

丰子恺曾在《随笔漫画》一文中讲到，随笔的"随"和漫画的"漫"，这两个字看似很轻松，似乎作这种文章和画这种漫画全不费力，可以"随便"写出，可以"漫然"下笔，其实不然，这两者都很伤脑筋的。

确实如此，读丰子恺的随笔，言简意赅，深入浅出，看似不经意的笔墨中，都有深刻的含义在里面。如《随笔二十篇》中的《吃瓜子》，批判了中国人用吃瓜子来消磨时间和生命的行为。又如《穷小孩的跷跷板》一文中写道："在这社会里，穷的大人固然苦，穷的小孩更苦！穷的大人苦了，自己能知道其苦，因而能设法免除其苦。穷的小孩苦了，自己还不知道，一味茫茫然地追求生的欢喜。这才是天下之至惨！"尤其是他写的《车厢社会》，记述了自己乘火车时的所见所闻，反映出当时社会的混乱状态和人与人之间的种种不平等，小车厢反映大社会。《劳者自歌——随感十二则》，表达了作者对生活中一些现象的认识和看法，又不局限于生活现象的表层，而是透过这些现象来揭示生活的本质，探究人生的根本问题，寻找"人生之舟的航向"，表现了一个艺术家对人生的终极意义的关注和高远的情怀。

四

在石门缘缘堂生活的时期，正是丰子恺少小离家在外读书、工作之后，再一次回到故里，与故乡相处最久的重要时期，对他来说确实是一段美好的时光，抗战逃难之后再没有这样的机会亲近故乡。这一时期，石门湾再次成为他生活的重心。在这里，他与一群可爱的儿女生活在一起，并从他们身上获得源源不断的创作灵感。因此，这个时期，丰子恺创作的作品乡情特色浓，对于家人、家乡的关注更多一些，这既是他作品的一大特点，也是一大亮点，更是打动无数读者的关键点。

比如他写《作父亲》，记述孩子们看到卖小鸡，便口口声声说"好来，好来"，一心想买，但最终因卖鸡的要价高，没能让孩子们如愿。文章最后有一番思考，从作为父亲如何教导孩子的问题，又转到如何做人的问题，很有教育意义。他写《标题音乐》，记述幼女一吟在故乡的童年趣事。他写《忆弟》，记述了自己二十多年前的童年趣事。他写《取名》，记述为子女们取名的趣事，很有故乡的风情特色。他写《送阿宝出黄金时代》，感慨儿童时代的宝贵与不可复得。他写《儿戏》，从六岁的元草与九岁的华瞻因夺木片头而打架，联想到"国际的事如儿戏，或等于儿戏"。写《旧地重游》，归家的念头油然而生，因为那"一架图书和一群孩子在这柳阴深处的老屋里等你归去呢"。写《梦痕》，记述童年与玩伴游戏时在门槛上跌破了额角而破了相的往事，回想起来反而是童年欢乐的佐证，黄金时代的遗迹，凭着这个"金印"，还可"回溯往昔，追寻故乡的美丽的梦"。他写《爱子之心》，写出了故乡人给孩子取名"丫头""小狗""和尚"等，都是出于爱子之心的旧时风俗。他写《肉腿》和《送考》，记述了1934年发生于杭嘉湖平原上的那场大旱灾，运河上踏水车的农人的肉腿的惊人景象。他写《学画回忆》，记述了儿时在故乡读书学画时的种种。他写《故乡》，对当时都市社会的生活方式提出了质疑。他也写最敬重的母亲，1937年2月28日，丰子恺应中国文化馆之约，写了非常感动人心的《我的母亲》一文，以饱满的真情，回忆了母亲勤劳而简朴的一生。作者以母亲在家里的座位和坐姿贯穿全篇，写了母亲承担严父慈母的双重责任，表达了母子之间的深情。这一系列文章，背景大多是在他的故乡石门湾。但引发的思考，却又远远超越了这个水乡古镇，触及了具有普遍意义的乡愁和怀恋故乡的大众心态。

五.

因为少小离家,因为在外漂泊多年,因为而立之年又回到故乡,丰子恺对于"家"的思考也更多。1936年10月,他写了《家》一文,发表于1936年11月16日的《论语》第一百期(家的专号)上。作者从"家"出发,记述了自己从南京的朋友家到旅馆,又从旅馆到杭州的寓所,再回到石门缘缘堂,因其中的种种琐屑的"不适意"所引起的感想。文中所述,全是生活点滴:点烟、添饭、留客、脱外衣、洗脸、儿女牵衣、老妻烧菜、故乡的臭豆腐干……却洋溢着浓郁的生活味。由此,作者恍然觉得故乡的本宅,是"我的最自由、最永久的本宅,是我的归宿之处,我

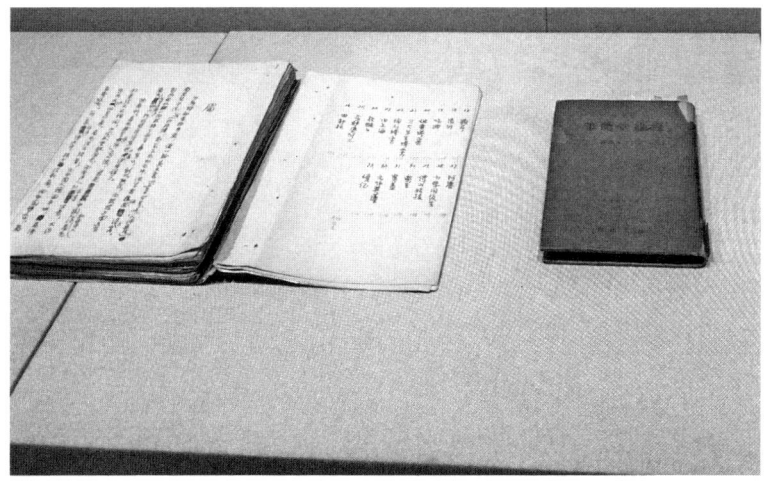

《缘缘堂随笔》及手搞(徐盈哲 摄)

的家"。但又感叹缘缘堂"仍不是我的真的本宅,仍不是我的真的归宿之处,真的家"。丰子恺通过写日常生活的感受,又引出深刻的人生哲思。

"归""乡""家""故乡""故园""作客""羁旅"等,自古就是诗人们写作抒怀的永恒话题。对丰子恺这样的性情中人而言,更有"对于故乡是何等地亲爱、渴望,而对于离乡作客是何等地嫌恶"之感。因此,他才有写不完的乡思和离愁别绪。

综观丰子恺的《缘缘堂随笔》,可以看出他对于故乡的偏爱与赞美。而书写故乡,抒发乡愁,恰恰是《缘缘堂随笔》的精髓之所在,也是最打动人的地方。

第四章 梦回缘缘堂

别时难

六年华屋一朝休,千里飘零尽客愁。

梦里故乡诚未远,渌江错认是杭州。

十年离乱乡思遥。抗战全面爆发后,丰子恺不得不带着全家老小辞别缘缘堂,离开故乡石门湾,千辛万苦,辗转千里,经过五省大小百数十个码头,漂泊异乡,历时九载。在江西萍乡,在广西桂林,在贵州遵义,在重庆沙坪坝,他一次次梦回缘缘堂,乡愁万斛,无限相思,一一诉诸笔端。

辞缘缘堂

1937年，八一三事变爆发，日本进攻上海。日军在金山卫登陆后，到处狂轰滥炸，上海南市一片火海，杭州也遭空袭，丰子恺把杭州住所的书籍、器具运回故乡石门湾。这些物品中，除了他的藏书之外，还有老师李叔同在出家前送他的一些书和照片，包括：李叔同亲笔自撰的一个诗词手卷，其中有一首《金缕曲》，是1905年李叔同将到日本时所作；一部残缺不全的《莎士比亚全集》原著，李叔同从前细读过，有许多笔记在上面，留给丰子恺作纪念；一包李叔同在俗时的照片；一册《人谱》（明刘宗周著，书中列举古来许多贤人的善言懿行，凡数百条），最是珍贵，因为这本书的封面上，有李叔同亲笔写的"身体力行"四个字，每个字旁加一个红圈。李叔同曾叫丰子恺和其他几个同学到他房间里去谈话，翻开这册《人谱》来指出一节给他们看，并讲解"先器识而后文艺"的意义:"首重人格修养,次重文艺学习。"这对丰子恺一生影响深远,是他毕生实践的理念。丰子恺一直把老师给他的东西珍藏在缘缘堂中,直到抗战时被毁于炮火。后来,他偶然在成都的旧书摊上看到一部《人谱》,就情不自禁地买下了,以示对老师的怀念。

杭州遭到空袭后,丰子恺收到汉口、四川等地朋友的来信,劝他赴汉口或入川避难。但丰子恺依然犹疑观望,心中难舍石门湾缘缘堂。那时,附近的城镇亦遭到轰炸,但石门镇上还没吃炸弹,丰子恺每日在缘缘堂刻印作画,心里早已做好最坏的打算。

这一年的10月29日(农历九月二十六),是丰子恺四十岁生辰,全家一起在缘缘堂为他做寿。这时,上海松江已失守,日机轰炸嘉兴,形势越发严峻。11月6日上午,丰子恺正在缘缘堂读蒋坚忍著的《日本帝国主义侵略中国史》,预备编《漫画日本侵华史》。正午,日军飞机盘桓于石门湾上空。下午二时,突然轰炸石门湾,投下十二枚炸弹,当场炸死三十二人,炸毁房屋数间。幸好,当时缘缘堂还未被毁。

这天傍晚,全镇人一逃而空,纷纷到乡下避难。丰子恺全家也在灰色薄暮中与缘缘堂告别,到离石门镇约六里的南圣浜胞妹雪雪家避乱。雪雪的丈夫就是后来从缘缘堂中抢救出许多器具和藏书的蒋茂春。

第二天,日军飞机再次轰炸石门镇。丰子恺抱定主意,如果嘉兴失守,那就只有离开家乡,远走他乡避难。所以,他天天收听日文电台,看报纸,每天把重要消息抄出来贴在门口,以代壁报。

辞别缘缘堂，对丰子恺这样的读书人来说，最舍不得的还是堂内的万卷藏书。1937年11月15日晚，他与长女丰陈宝、店员章桂冒险回了一次缘缘堂去取书。走进门内，只见芭蕉孤危地矗立着，缺月从芭蕉间照进来，满眼凄凉之色。他们看见一只饿瘦了的黄狗和一只饿瘦了的老黑猫，就找些冷饭残羹喂了猫狗，然后开始取书。丰子恺把特别欢喜的、最近有用的和重价买来的书选出了两网篮，准备第二天叫人送到乡下。他心里十分担心敌机再来投弹，毁了家园，但又竭力把这念头遏住，不敢再多想。装好了两网篮书，已是夜里十一点钟，他们肚里略有些饥饿。丰子恺打开橱门，发现一包花生和半瓶

丰子恺避难起始点湖州练市悦鸿村（徐盈哲 摄）

玫瑰烧酒，就拿到堂西的书房里，放在酒桌子上，坐下来与阿宝一起吃，看着墙上"草草杯盘供语笑，昏昏灯火话平生"的对联，静默无言。这天夜里，他们暂宿缘缘堂，第二天早晨步行返回乡下。这是丰子恺最后一次与缘缘堂告别。

之后，丰子恺收到迁居桐庐的马一浮先生的信，于是决定去桐庐马一浮先生处暂避。11月21日，丰子恺全家、店员章桂、族弟丰平玉和表弟周丙潮一家共十五人，起程赴桐庐，开始了长达数年的逃难生涯。从此，十年离乱家山遥，行行复匆匆。

萍乡之恸

丰子恺一行避难的第一站是桐庐。他们于1937年11月24日晚上十点半至桐庐，先暂住在马一浮家，后租住在桐庐阳山畈附近黄村埠盛梅亭叔父家。此间，丰子恺常至阳山畈汤庄拜访马先生并聆听教诲，受益颇深，他称这段时间为"桐庐负暄"。

之后，由于形势所逼，丰子恺一行又于1937年12月21日离开桐庐，过兰溪、衢州、常山，经江西上饶、宜春，到达萍乡。在萍乡，他遇到在立达学园执教时的学生萧而化夫妇，暂留萍乡，住在暇鸭塘萧氏宗祠。

1938年1月31日，丰子恺一行在暇鸭塘度过了逃难中的第一个春节。这里的乡邻特别好客，竞相邀请丰子恺全家去"吃年茶"。

他们在暇鸭塘萧氏宗祠一住就是二十多天。这里四面都是田，田外是山，人迹稀少，静寂如太古。加上天天阴雨，房间里四壁空虚，万物萧条。丰子恺与儿女们相对枯坐，忽然感到眼前的日子一如囚徒的生活。

一天夜里，丰子恺的次女林先梦见自己回到了缘缘堂，看见堂中一切如旧，小皮箱里的明星照片一张也不少，欢喜得笑醒了。次日起身，依然是在他乡。她举起破碎的棉衣给父亲看，说："爸爸，我的棉袍破得这么样了！我想换一件骆驼绒袍子。可是它在东战场的家里——缘缘堂楼上的朝外橱里——不知什么时候可以去拿得来。我们真苦，每人只有身上的一套衣裳！可恶的日本鬼子！"

丰子恺被女儿的这番话说得惆怅、悲愤起来，便以女儿的口吻，作了一首甚为感伤的诗——《避寇萍乡代女儿作》，诗曰：

儿家住近古钱塘，也有朱栏映粉墙。
三五良宵团聚乐，春秋佳日嬉游忙。
清平未识流离苦，生小偏遭破国殃。
昨夜客窗春梦好，不知身在水萍乡。

而就在这天傍晚，章桂带回来一批信件，其中有上海裘梦痕（丰子恺在立达学园时的同事）2月4日寄的明信片，上面写着："一月初上海新闻报载石门湾缘缘堂已全部焚毁，不知尊处已得悉否？"得知房子被毁，全家人都既悲叹又惋惜。孩子们可惜橱里的衣服、风琴、打字机和新买的桌椅、脚踏车，还有院子里的秋千架。妻子可惜房中那一箱垫①锡器和一箱垫瓷器。周丙潮见丰子恺沉默不语，安慰他说："也许消息不一定确凿，说不定新房子还在的。"周丙潮不知道，此时的丰子恺早已把缘缘堂置之度外，他想得更多的是故乡亲友的安危存亡。他们一家辗转千里逃出了战区，但故乡还有许多人，生死未卜。而这些身外之物又何足惜！

丰子恺悲愤至极，写下了著名的《还我缘缘堂》一文。他写道："我虽老弱，只要不转乎沟壑，还可凭五寸不烂之笔来对抗暴敌，我的前途尚有希望，我决不为房屋被焚而伤心，不但如此，房屋被焚了，在我反觉轻快，此犹破釜沉舟，断绝后路，才能一心向前，勇猛精进。""无论是我军抗战的炮火所毁，或是暴敌侵略的炮火所毁，在最后胜利之日，我定要日本还我缘缘堂来！"

此后，他又相继写出了《告缘缘堂在天之灵》和《辞缘缘堂》等文章，以抒发自己对故乡的怀念和对日寇入侵的愤恨之情。

---

① 箱垫：即搁箱子的柜子。——编者注

丰子恺漫画《流离之春》

千里故乡客梦远

1938年2月28日,丰子恺全家离开江西萍乡,顺渌江、湘江,到了长沙,暂住萧而化叔父家。在渌江舟中,他作了《高阳台》词,表达对江南故乡的怀念,抒发了对暴敌的愤恨。词曰:

千里故乡,六年华屋,匆匆一别俱休。黄发垂髫,飘零常在中流。渌江风物春来好,有垂杨时拂行舟。惹离愁,碧水青山,错认杭州。

而今虽报空前捷,只江南佳丽,已变荒丘。春到西湖,应闻鬼哭啾啾。河山自有重光日,奈离魂欲返无由。恨悠悠,誓扫匈奴,雪此冤仇。

词中的"六年华屋",指的是他仅住了六年不到的缘缘堂新屋。而今，故乡远在千里之外，江南佳丽地已成焦土。此恨绵绵，此仇何时报！

天下兴亡，匹夫有责。这时候，丰子恺虽为一介书生，也以笔代枪，积极投入抗战。

1938年3月23日，丰子恺应汉口开明书店邀请，与长女陈宝、次女林先赴汉口，借宿开明书店仓库。后来又介绍一同逃难出来的周丙潮、章桂到开明书店工作。在开明书店，对于丰子恺来说，可以说是到了自己的家。

丰子恺到汉口后，遇到了叶圣陶、宋云彬、朱光潜等许多流亡至此的文化界名流，还有同乡茅盾等。当时，中华全国文艺界抗敌协会（简称"文协"）在武汉成立，文艺界人士空前团结起来，投入抗日救亡运动。"文协"出版会刊《抗战文艺》，丰子恺任编委，并为《抗战文艺》题写刊名，还发表了许多文章。

另外，丰子恺积极为茅盾主编的《文艺阵地》投稿。《文艺阵地》为抗战时期国民党统治区重要文艺刊物，1938年4月创刊于汉口，于香港编辑，既而内迁上海、重庆等地，由生活书店出版，1942年11月出至第七卷第四期，被迫停刊。当时，丰子恺在《文艺阵地》发表了许多宣传抗战、控诉日寇的诗文，如1938年4月3日创作的词《菩萨蛮·幼女之愿》载于1938年5月16日《文艺阵地》第一卷第三期。词曰：

胡骑逼我中宵走，仓皇抛却知心友。此友最相亲，玲珑黏土人。

第四章 • 梦回缘缘堂

待儿年十五,自起将旗鼓,收复旧神州,与君共嬉游。

丰子恺以儿童的视角和天真的爱国心填成的这首词,分上下两阕,上阕曲调沉痛,诉说幼女抛却其所心爱的洋囡囡而逃难之哀情;下阕曲调雄壮,表示女儿抗敌复仇的决心。他在词的"附说"中说明了创作该词的原因:"我家九岁女儿一宁有一心爱的洋囡囡,放在缘缘堂。暴寇突如其来,全家仅以身免,她的洋囡囡就陷于敌阵。途中她常常纪念它。及闻缘缘堂被焚,她起初哭泣,继而愤怒。自恨年幼,未能从军,常努力加餐,希望快变成人,好去杀敌而救洋囡囡。"这首词由萧而化谱成曲,广为传唱。

1938年4月5日,丰子恺又发表《决心——避寇日记之一》一文,记述作者携一家老幼西行避寇的经历。4月29日,武汉空战大捷,丰子恺又作《望江南》词一首:"闻警报,逃到酒楼中。击落敌机三十架,花雕美酒饮千盅,谈话有威风。"5月1日,丰子恺在《文艺阵地》第一卷第二期发表《还我缘缘堂》一文。缘缘堂被毁,对他而言是一个沉重的打击。逃难的经历,扩大了他的创作视野,使他对个人、家国和民族之间的关系有了更深层次的认识,强烈的爱国热情和爱憎情感,在他的文章中随处可以看到。他说:"倘是我军抗战的炮火所毁,我很甘心!堂倘有知,一定也很甘心,料想它被毁时必然毫无恐怖之色和凄惨之声,应是蓦地参天,蓦地成空,让我神圣的抗战军安然通过,向前反攻的。倘是暴敌侵略的炮火所毁,那我很不甘心,堂倘有知,一定更不甘心。料想它被焚时,一定发出喑呜叱咤之声:'我这里是圣迹所在，麟凤所居。尔等狗彘豺狼胆敢肆行焚毁！亵渎之罪，不容于诛！应着尔等赶速重建，还我旧观，再来伏法！'"这时候，丰子恺的散文风格也有了明显的变化。文中有他对故乡的怀念和对缘缘堂被毁的痛惜，更可以看到一个正直、热情、勇猛、精进的抗日战士的形象。

在汉口，为便于抗战，丰子恺脱去长衫，改穿中山装，友人称他"返老还童"了。当时曾有报载"丰子恺割须抗敌"的消息，引得亲友和读者纷纷来信询问。他便拍了一张全身照，说明真相，并言割须一节有误，抗战热情却是真的。他还对友人说："我虽未能真的投笔从戎，但我相信以笔代枪，凭我五寸不烂之笔，努力从事文画宣传，可使民众加深对暴寇之痛恨。军民一心，同仇敌忾，抗战必能胜利。"

在汉口，丰子恺创作了许多抗战漫画及诗文，成为内地抗战文艺的一部分。他是一个富有家国大义、有责任心、有担当的艺术家。在他心里，缘缘堂被毁，固然令他痛心，但他更痛心于日本侵略中国造成白骨堆成山、版图遭践踏的惨状。1938年春，丰子恺作《和表侄徐益藩》诗曰："寇至余当去，非从屈贾趋。欲行焦土策，岂惜故园芜？白骨齐山岳，朱殷染版图。缘缘堂亦毁，惭赧庶几无。"

这年春季的某一天，丰子恺走在武昌乡间，看见一棵大树，被人砍伐过半，只剩一个树干，春来树干上又怒抽枝条，绿叶成荫。他看着、想着，觉得中国就像一棵大树，其不屈的生命是摧残不了的。于是，他作画并题诗曰："大树被斩伐，生机并不绝。

春来怒抽条,气象何蓬勃。"他还专门写了《中国就像棵大树》一文,发表于1938年3月1日的《宇宙风》乙刊创刊号上。后来,丰子恺还将抗战时期的漫画集称《大树画册》,又作《题一九三八年画》诗曰:"君到前线去,寄语我儿郎。若非打胜仗,不得还家乡。"

这一时期,在丰子恺的作品里,我们可以读到他强烈的赤子之心和家国情怀。故乡远在千里之外,有家难回,满怀的乡愁,化作满腔的热血。他盼望着早日把日本侵略者赶出中国,还我河山,早日回归江南故园。

崇德书店

1938年10月底,广州、武汉相继失守,广西桂林成为后方抗日文化中心,大批文化界人士聚居桂林。丰子恺也应邀到桂林师范学校教书。在桂林,丰子恺与新旧朋友共同投入抗日宣传,他每天写《教师日记》,详细记录了他和同胞们在乱世中躲警报并积极参与抗战的生活。

丰子恺在桂林

一

当时,桂林教育当局聘请丰子恺到桂林为广西全省中学艺术教师暑期训练班学员授课一个月。1938年6月23日，丰子恺带着家人，与好友张梓生①一家乘汽车从长沙前往桂林。其时，丰子恺岳母患病，妻子怀孕，行程极其艰苦。至6月24日下午，一行人到达桂林。丰子恺一家先居大中华旅馆，后来桂林开明书店经理陆联棠在马皇背为他们租得三间平房。不久，他们又迁至两江圩泮塘岭40号。在桂林，淳朴的民风给丰子恺留下了难忘的印象，他专门写了《桂林初面》一文记述在当地的见闻。

1938年6月25日，丰子恺在桂林大中华旅馆作随笔《未来的国民——新枚》，记述了妻子身怀六甲还不得不南下逃难的艰难经历，他倡言爱国，幽默地说，妻子十年不育，忽然怀胎，一定是"抗战中黄帝子孙壮烈牺牲者太多，但天意不亡中国，故教老妻也来怀孕，为复兴新中国增添新国民"。他预先就给孩子取名"新枚"，文末写道："下午三时到桂林，全家暂住大中华旅馆。新枚还是安睡在他（或她）母亲的肚子里，也被带进大中华。"

同年10月24日，丰子恺上午参加了桂林师范学校纪念周活动。上好课，步行回家途中，他遇到章桂，得知妻子力民在医院待产，忽患子痫，非动手术不可。他急忙赶到医院。当时，陆联棠、张梓生、周丙潮等都在场。下午，妻子终于平安产下幼子新枚，转危为安。这个有着象征意义的"未来的国民"——新枚，就这样来到这个世上。

---

① 张梓生（1892—1967），浙江绍兴人，编辑、记者、出版家，曾主编《申报年鉴》《申报·自由谈》等。——编者注

新枚的出生,是丰家逃难到桂林后的一件大喜事。丰子恺把自己原来住的书房(之前是人家的牛棚)进行修理,留给新枚住。他在10月28日的《教师日记》中写道:"倘他吃牛奶,住牛棚,将来力大如牛,可以冲散敌阵,收复失地。至少能种田,救世间的饿人。"

这个时候,长子华瞻已十五岁,穿着父亲的衣服,已很称身了。丰子恺看着儿子,不禁感叹年华之易逝,无常之迅速。他曾经画过题为《穿了爸爸的衣服》的漫画,当时华瞻才三岁,穿着父亲的洋装背心,其长过膝,扶床学步,其状可笑。如今再穿父亲的衣服,已很平常。"去日儿童皆长大,昔年亲友半凋零。"丰子恺吟诵着古人诗句,感慨万千。

抗战儿新枚的诞生,给丰子恺的儿童画创作又提供了新的素材。当时,他以新枚为模特儿的漫画代表作是《恩狗的画》系列作品。此刻,他又像回到了从前。

二

在桂林时还有一个小小插曲:一封报平安的家信,引发了一场争论。丰子恺于1938年7月19日曾写信给他姑母的孙子徐益藩,在信中叙述了一家人西行逃难的经过和沿途所受风霜之苦,一向豁达乐观的丰子恺在信末添加了一段"苦中作乐"的感受:"……途中惟去冬备受风霜之苦,萍乡以后皆旅行,非逃难矣。今离乡已四千里,气候饮食,均多乖异,幸全家十人皆健康,堪以告慰。……桂林山水甲天下，环境风景绝佳，为战争所迫，得率全家遨游名山大川，亦可谓因祸得福……"这就是后来"因祸得福"论争的起源。当时，徐益藩把这封信交《文汇报》发表。不料该信发表之后，有一个署名若霖的人在《华美晨报》发表了《关于"因祸得福"》的文章，在攻击叶圣陶的诗句"全家来看蜀中山"的同时，也批评了丰子恺的"因祸得福"论。

其实，这是一种误读。丰子恺所说的"因祸得福"，只是为了向家乡亲人表达宽慰、报个平安，也体现了他一贯的达观幽默、随遇而安的人生态度。不承想，这些话还引发了一场无聊的争论。

这年的11月17日（农历九月二十六），是丰子恺四十一岁生日。这天，他请假一天，在家喝了两杯老米酒，闭目静坐，回顾逃难一年来走过的崎岖之路，备尝艰苦、焦灼、紧张、危险，最终侥幸脱险，真所谓"山重水复疑无路，柳暗花明又一村"。在如此艰苦的经历中，他自己也得到了很多人生的体验与锻炼，不禁感慨系之。

在避难途中，丰子恺曾多次作《望江南》词，表达了一个共同主题：逃难在外，遥望故乡，不知何时归，同时，抒发了对日本帝国主义侵略中国的痛恨之情。其中有两首这样写道：

逃难也，逃到桂江西。独秀峰前谈艺术，七星岩下躲飞机，何日更东归。

青春伴，一旦忽分离。隔着云烟三千里，东西两地各思惟，何时更重携？

另有一首《和贺昌群》的诗曰：

　　瘴乡三月乍温寒，千里书来画节看。
　　却羡知章归计早，到家应未见春残。

望江南，早日胜利归故乡。这是抗战时期丰子恺内心最强烈的愿望。

抗战必胜，是丰子恺坚定的信念。他到桂林师范学校时，尤其赞成该校"以艺术兴学""以礼仪治校"的办学宗旨。他还给该校的校歌填了词，其词曰：

　　百年之计树人，教育根本在心。
　　桂林师范仁为训，克己复礼泛爱群。
　　洛水之滨，大岭心村，
　　心地播耘，普雨悉皆萌。
　　……

丰子恺在《教师日记》中曾写道：凡武力侵略，必不能持久，日本迟早必败。待中国抗战胜利，重新建国的时候，就好比一个人大病初愈，百体疲乏，需要多量的牛奶来营养调理，方能恢复健康。而桂师培养的人才，将来便是一种得力的牛奶。

他曾对从萍乡逃难到桂林的学生萧而化说:"今日吾民族正当生死存亡关头,多些麻烦,诚不算苦。吾等要自励不屈不挠精神,以为国民表率。此亦一种教育,此亦一种抗战。"

丰子恺就是这样,凭着自己的坚定信念,在逃难路上,又重执教鞭,并与学生们一起创作了一系列抗战漫画,以自己的方式积极投身抗日宣传活动。

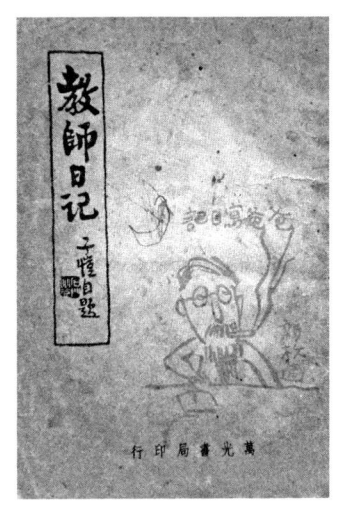

丰子恺抗战时所作《教师日记》书影

三

在桂林时,丰子恺还出资创办了一家与故乡县城崇德同名的书店——崇德书店。当初逃难时,表亲周丙潮一家和店员章桂等随行。为了解决他们的生计问题,丰子恺在桂林桂西路南侧的崇德街找到了店面房子,为他们开设了一个小书店。因为这条街名与故乡崇德县名相同,便起名为崇德书店。丰子恺垫资并自题招牌。在开明书店诸友的协助下,书店于1938年9月1日正式开张。开张时,还向顾客赠送丰子恺的石印画。

当时,另一个同乡杨乔(杨子才)从南昌流亡到桂林,来投奔丰子恺,丰子恺也请杨乔进店工作。周丙潮负责财务和里里外外的工作,他的夫人管伙食,章桂负责营业进货,杨乔负责售书。杨乔曾在《丰子恺与崇德书店》一文中写到,当时,书店内数千册图书陈列在书橱里,来购书的有学生、流亡青年、军人、机关职工、教员、店员学徒等。

崇德书店很小,楼上住着周丙潮一家,还有章桂、杨乔两位。当时,店内经销的书,绝大多数都是开明书店版的。同时,崇德书店还兼营外版书、科技书和各种期刊。这原是丰子恺为救济几位乡亲而开的书店,而书店开业四个月,营业额一下子达到两千多元,至少可以维持他们四个人的生活。可惜好景不长,这年的12月28日,书店就被敌机炸毁。经章桂、杨乔等奋力抢救,虽然损失不大,但四个人的生计又成了问题。

随后,丰子恺又设法为章桂、周丙潮夫妇、杨乔他们介绍工作。后来,杨乔被别的机关录取,章桂受雇于开明书店到柳州服务,周丙潮则经丰子恺介绍在桂林师范学校做缮写员。周丙潮自逃难后一直跟着丰子恺,这时,丰子恺受浙江大学聘请将赴宜山(在今河池市宜州区),周丙潮也愿跟随他去宜山。丰子恺劝他留在桂师,学会独立生活,不能事事依附,况且还有陈瑜清一家为邻居,可以互相照顾。丰子恺认为,君子不以姑息爱人,"丙潮今日或许怨我,但日后必感谢我也"。周丙潮遂听从他的建议,留在桂林师范学校工作。

丰子恺一向很重乡情。在桂林时,他在百忙中,还帮助学生兼同乡的陈瑜清一家介绍租屋。1938年11月,因桂林遭到敌机轰炸,陈瑜清来丰子恺居住的桂林两江圩觅屋。丰子恺陪陈瑜清到一个磨豆腐的人家看房,并租定房子。然后又带陈瑜清和周丙潮去参观自己执教的桂林师范学校,请他们在校用午餐。后陈瑜清带一家老小十余口来两江圩居住,与丰子恺家为近邻,互相照顾,情谊深厚。

身逢乱世,颠沛流离,民不聊生,丰子恺以这样赤诚的心待人,实可感佩。

江南春尽日西斜

一

1938年底,丰子恺收到马一浮的信。原来是时任浙江大学教务长的老友郑晓沧托马一浮转达,校长竺可桢诚意相邀,欲聘丰子恺到浙大任教。1939年1月,丰子恺又收到好友、马一浮的弟子王星贤的信,得知马一浮为结邻已花两百法币在广西宜山买下一亩地和三间茅屋,要丰子恺去当时已迁至宜山的浙江大学任艺术讲师兼训导。丰子恺遂决定辞去桂师之职前往浙大任教。

其实,当时宜山也多次遭日机轰炸。丰子恺于1939年4月8日到宜山时,正遇上日机轰炸宜山,他连忙到荒郊避难,晚上才到城郊租屋。那时,因日军逼近,宜山几乎天天有两三次警报,丰子恺一家在生活上、精神上受到很大压力。丰子恺曾作《荒冢避警——黔桂日记之一》等，记下当时的仓皇之态。那年8月，丰子恺将家属迁居至广西思恩（今广西环江），自己独自去宜山浙大上课。在思恩，丰子恺作《辞缘缘堂——避难五记之一》，载于1940年1月《文学集林》第三辑，文末有两首七绝诗《辞缘缘堂二首》曰：

秀水名山入画图，兰堂芝阁尽虚无。
十年一觉杭州梦，剩有冰心在玉壶。

江南春尽日西斜，血雨腥风卷落花。
我有馨香携满袖，将求麟凤向天涯。

缘缘堂被毁后，丰子恺收藏的书，还有许多他从各地收集来供画画的物件，均化作灰烬。在逃难途中，他偶尔也会邂逅一两件可视作画材的"宝贝"。比如有一次在宜山市集，他发现瓷器担上的一个有嘴茶碗，做工虽拙劣，但形似以前缘缘堂里的茶碗的样子，便买了下来，以慰怀旧之情。但拿回家细细一看，总觉得其形状与线条，都太率直，不优美，远不如旧藏者之玲珑，新旧相较，大相径庭。正如他此时所处的宜山与从前最爱的故乡相比，两者有着太多的不同。然而当时，"江南春尽日西斜"，故乡已远在千里外。

二

1940年2月,丰子恺一家随浙大迁往贵州遵义,先住浙大宿舍,后迁居罗庄。因交通不便,不久又迁居狮子桥畔南潭巷熊宅新屋。因喜周围环境优美,室内窗明几净,丰子恺便借用苏东坡改写的《洞仙歌》中"时见疏星渡河汉"之句,给自己的居室定名为"星汉楼"。

在遵义,丰子恺开始重绘《护生画集》《丰子恺漫画全集》等。丰子恺的画结集出版已有八册,即《子恺漫画》《子恺画集》《护生画集》《学生漫画》《儿童漫画》《都会之音》《云霓》《人间相》等。抗战全面爆发后,这八册画集的版子和原稿俱毁于炮火,已绝版多年了。

在贵州遵义暂且安定下来后,他开始将《护生画集》重绘一遍,最先复刊。从1941年春开始,他又重绘其余七册。原来有六百多幅画,这次他选了三百余幅加以修改重绘,又加入流亡以来的百余幅新作,埋头三十八天,共完成了四百二十四幅,分编成六册:写诗意的八十四幅为一册,名曰《古诗新画》;写儿童生活的八十四幅为一册,名曰《儿童相》;写学生生活的六十四幅为一册,名曰《学生相》;写民间生活的六十四幅为一册,名曰《民间相》;写都市生活的六十四幅为一册,名曰《都市相》;抗战流亡后所作的六十四幅为一册,名曰《战时相》。这样,将原来七零八落的旧画集,编成了一部成系统的新画集。再加上两册《护生画

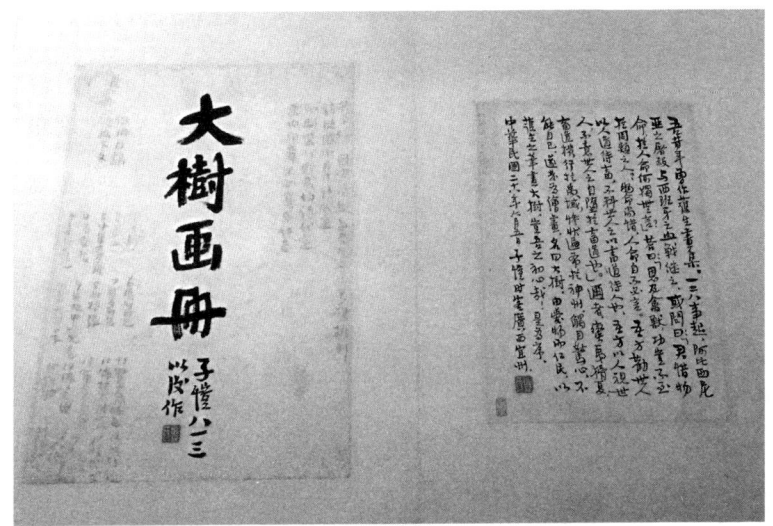

《大树画册》

集》,集成一共八册的《子恺漫画全集》,于1945年12月由上海开明书店出版。

同时,丰子恺还出版了《大树画册》,收入八一三事变后的画作。从这些画作可以看出,他的漫画创作无论是题材还是创作形式、画幅等,都有了很大的变化。

三

在遵义,丰子恺仍任浙大教职,后升任副教授。课余,他继续从事画画、写作,同时,利用各种机会,并积极创造条件,加强对子女的教育。他以"和谐会""慈贤会"等形式,寓教于乐,在家庭教育方面，做出了特色，对丰家子女的健康成长影响深远。

从逃难开始，只要暂时安顿下来，丰子恺便利用各种机会，加强对孩子们的教育。在萍乡时，他亲自教孩子们读《古文观止》《古诗十九首》等。在桂林时，他白天在学校给学生们上艺术课，晚上教自家的几个孩子学《论语》等，同时，也请家庭教师来给孩子们上数学等课。

到遵义后，生活相对安定的时候，丰子恺每周六晚上就召集孩子们开一次家庭学习会。学习会上，为了让孩子们对学习有兴趣，他特意买了五元钱的糕点糖果给孩子们吃，并幽默地定名为"和谐会"（丰子恺家乡方言，"五元"谐音"和谐"）。后来物价上涨，五元涨到十元，就称"慈贤会"（"十元"谐音"慈贤"）。学习会的内容很丰富，除了挑选通俗易懂又内容精彩的古诗文给孩子们学习外，还让大家进行写作练习。此举让孩子们在战乱时期那样艰苦的环境中仍能够坚持学习，实属不易。这种寓教于乐的家庭学习会，在丰家成了一个好传统。

1940年的除夕，丰子恺和家人是在遥远的异乡遵义度过的。他们想起从前在故乡过年时的种种快乐，而今漂泊异乡，还要躲避日机的轰炸。尽管如此，丰子恺还是想方设法苦中作乐，举行全家人参与的新年晚会，让孩子们暂时忘了战争，过一个简朴而热闹的新年。

他让大家各自买好规定价格的礼物，悄悄包好，编上号。在晚会上，轮流抓阄，按抓到的号获得各自的礼物。如此，孩子们在拆开礼物时，往往有许多意外的惊喜。如果抓到不满意的，还

第四章 • 梦回缘缘堂

丰子恺（后排左三）与子女们合影

可以按自己的喜好，与别人交换礼物，其乐融融。丰子恺称这些礼物为"除夕福利"。据丰一吟介绍，丰家过年的这些传统节目，一直保留了下来。新中国成立后，全家定居上海，每到过新年时，还时常举办这样的节目。

在丰子恺爱的教育下，丰家的几个孩子，即使在逃难途中，也没有因此而缺失教育。随着时间的推移，"去日儿童皆长大"，并相继进入中学、大学念书，后来都成为各个领域的佼佼者，均有建树。

沙坪小屋与小同乡

一

1942年11月,丰子恺应老友、国立艺术专科学校校长陈之佛之聘,任国立艺术专科学校教授兼教务主任。于是,他率家眷离开遵义到了重庆。

重庆这座内地山城,给丰子恺留下的印象很好。这里市容繁华,而且有许多老朋友。尤其是到了开明书店,更是乡音悦耳,使他误以为是到了江南的都市。他想起了杜甫的诗句:"一卧沧江惊岁晚""五陵裘马自轻肥"。

丰子恺在重庆夫子池举办了个人画展,展出逃难以来创作的彩色人物风景画。他在《画展自序》中说到了抗战逃难以来,他的画风起了巨大的变化,由黑白简笔漫画,转变为彩色人物风景画。后来，他又在乐山举办画展。那时，他又与住在乐山大佛附近乌尤山脚濠上草堂的马一浮数次会面。马一浮看了丰子恺的画展，专门写了两首诗送他，诗曰：

> 红是樱桃绿是蕉，画中景物未全凋。
> 清和四月巴山路，定有行人忆六桥。

> 身在他乡梦故乡，故乡今已是他乡。
> 画师酒后应回首，世相无常画有常。

马一浮的诗也写出了丰子恺内心对故乡的思念。

其时，丰子恺从画展所得的五万元法币中拿出四万元，在沙坪坝建造了一所简陋的住屋，这是丰子恺第二次用稿费造屋，也是他亲自设计建造的。当然，此时的沙坪小屋与当年的缘缘堂不可同日而语。

沙坪小屋位于沙坪坝正街以西的庙湾，此地是丰子恺在中国公学时的学生吴朗西介绍的。沙坪小屋仅四间平房，好比一个"田"字。房屋虽很简陋，但丰子恺仍很喜欢，给它取名为"沙坪小屋"。这所小屋孤零零的，远望犹如一个小亭子，丰子恺又幽默地自比亭长。沙坪小屋落成后，丰子恺又一次辞去教职，过起他所喜爱的赋闲生活来。在这里，他和全家一直住到抗战胜利。

在沙坪小屋生活期间，丰子恺创作了许多独具特色的漫画、随笔。抗战胜利后，丰子恺卖掉了沙坪小屋，返回江南。

二

在重庆时，丰子恺还有缘碰到了一代高僧太虚大师。太虚大师也是崇德县人，与丰子恺是同乡。他十六岁时出家，一直云游四方，1937年，抗战全面爆发后，他到了重庆。抗战时期，重庆也成为太虚大师抗战与弘法的重镇。因此机缘，丰子恺与太虚大师在重庆有了难得的交集。

当时，太虚大师常驻锡重庆长安寺。与太虚大师见面之后，丰子恺觉得自己亲眼所见的太虚，跟以前未见面之前听别人传说的太虚，判若两人。太虚大师一生致力于佛教改革创新，而且与政界、军界、学界等社会各界的著名人士都有交往，于是人们对他的传说和误解就多了。丰子恺写道：

> 有人说他是交际和尚，又有人说他是官僚和尚，还有人说他是出风头和尚。我不相信，亲去访问他。一见之后，果然证明了外间的传说都是误解。他是正信，慈悲，而又勇猛精进的，真正的和尚……我每次访问他之后，走出长安寺，下坡的时候，心中叹羡不置。我诧异："崇德怎么会出这样的一个人？"

丰子恺先生这段话意味深长。他对太虚大师的评价非常到位，说太虚大师是"正信，慈悲，而又勇猛精进的，真正的和尚"。他的心里佩服得很，以至于每次访问太虚大师出来的时候，都会感叹不止，简直不相信有这么个了不起的"小同乡"，对此他的心里是自豪的。

丰子恺一生崇尚淡泊，也不喜欢应酬，很少主动去拜访客人，但对他敬仰的人，如太虚大师、弘一法师、马一浮先生以及京剧艺术大师梅兰芳等，他却一改往日习惯，主动前去拜会。当时，丰子恺住在重庆城外的沙坪坝，而太虚大师驻锡城中的长安寺，只要有机会入城，丰子恺都会去寺中访太虚大师。

太虚大师是出家人，丰子恺也是信佛的居士，面对外敌入侵，他们的态度是一致的。国难日深，中华民族面临生死存亡之际，身处佛门的太虚大师，没有置身事外，相反，他表现出强烈的爱国情怀，振臂高呼，呼吁和平，反对战争，并组建佛教青年护国团，成立抗战救护队，积极投身抗战。而丰子恺呢，以五寸不烂之笔，奋笔疾书，创作漫画、随笔，积极投入抗战。这一点上，两人有着惊人的相似。

1945年，抗战终于胜利了。丰子恺一家也将从重庆复员回家。就在起程前几天，丰子恺在重庆紫竹林素菜馆请朋友们叙晤，作为对重庆的惜别，其中就有太虚大师。吃饭的时候，太虚大师差点把酒当茶喝了，引得满座皆笑。

1947年3月，太虚大师圆寂于上海。而那个时候，丰子恺一家暂居杭州，听到这个消息，他写下了《怀太虚法师》一文。从这篇文章里，可以看出他对太虚大师这位"小同乡"由衷的敬仰之情：

我和太虚法师是小同乡，同是浙江崇德县人。但我们相见很晚，是卅二三年间在重庆的长安寺里第一次会面的。一见之后，我很亲近他，因为他虽然幼小离乡，而嘴上操着一口崇德土白，和我谈话，很是入木。我每次入城，必然去长安寺望望他。

……

我在重庆与太虚法师最后的会面，是复员前几天在紫竹林素菜馆。那天我请客，邀在家、出家的七八位好友叙晤，作为对重庆的惜别。我不能忘记的，是我几乎教他开了酒戒。

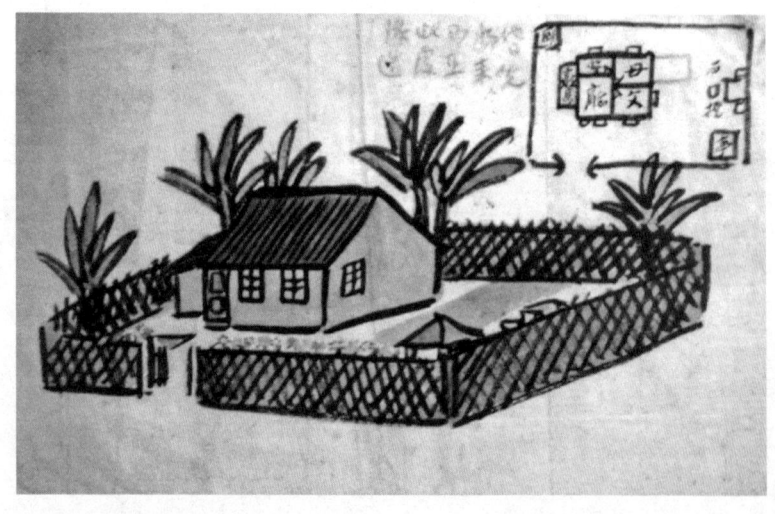

丰子恺在重庆时筑的沙坪小屋

胜利还乡家何在

唐代大诗人杜甫在《闻官军收河南河北》一诗中写道:"剑外忽传收蓟北,初闻涕泪满衣裳。却看妻子愁何在,漫卷诗书喜欲狂。白日放歌须纵酒,青春作伴好还乡。即从巴峡穿巫峡,便下襄阳向洛阳。"

1945年8月,当听到抗战胜利的消息后,丰子恺的欣喜若狂之情,与当时的杜甫是一样的。

一

一切似乎早有预感。早在一年前,即1944年的中秋,丰家人在重庆沙坪小屋过节。第二天清晨,丰子恺欣然填写《贺新凉》词一首,表达热切盼望抗战胜利之心。词曰:

七载飘零久,喜中秋巴山客里,全家聚首。去日孩童皆长大,添得娇儿一口。都会得奉觞进酒。今夜月明人尽望,但团圞骨肉几家有？天于我,相当厚。

　　故园焦土蹂躏后。幸联军痛饮黄龙,快到时候。来日盟机千万架,扫荡中原暴寇。便还我河山依旧。漫卷诗书归去也,问群儿恋此山城否？言未毕,齐摇手。

丰子恺后来在《谢谢重庆》一文中说,这首打油词原本是偶然游戏之作,谁知第二年的中秋,他的预言实现了,中国的抗战果然胜利了。他非常高兴,用宣纸写了好多张《贺新凉》词,分送亲友,庆祝胜利。他自己也留下了一张,贴在室内壁上,天天观赏。

1945年8月10日,这天夜里,对中国人来说,是一个狂欢之夜。丰子恺也沉浸在欢乐之中。就连平日不太熟悉的邻居朋友,也来向丰子恺讨酒吃。丰子恺找出两瓶茅台酒来待客,一直闹到后半夜。

那一晚,丰子恺思绪万千,不能成眠,想起故乡和被毁的缘缘堂,想起八年前仓皇出逃的情景,想起八年来生离死别的亲友,想起取得胜利的中国和未来的前途……他想了很多很多,而更现实的问题是,他想到了如何回归故里。

接下来的时间,丰子恺多次举办个人画展,筹集一家人回归的路费。他还卖掉了沙坪小屋,迁居到重庆凯旋路特7号开明书店栈房，等待舟车返回江南。

　　这之前，在回不回家乡的问题上，丰子恺和家人最初也有过顾虑，因为家乡故园已成焦土，他们无家可归了。他先打算让弟子鲍慧和帮忙在上海租房。后来，他的大儿子华瞻到了北平工作，他也有意率全家迁往北平。

　　就在他犹疑之时，四川当局贴出布告，欢迎来自江浙沪等长江中下游地区的教师们留在重庆，待遇优厚。而当时，丰子恺的儿女中已有三人在重庆担任公教人员，工作稳定，可从容自给。丰家人也早把重庆当作第二故乡。况且，这里还有一座小屋可避风雨，不必再辛辛苦苦回到老家，重新找工作、找房子。

　　丰子恺考虑再三，最终，强烈的怀乡病，使他还是决定舍弃沙坪坝的衽席之安，毅然走上东归的崎岖之路，回归江南，回家。

　　回乡的路走得很艰难，不比当年逃难轻松。丰子恺带着全家，历尽艰辛，终于回到了日思夜想的江南故土。

二

　　近乡情怯。这个时候，丰子恺最急切的一件事就是要去故乡石门湾看看，可又怕看。十年离乱，故乡早已面目全非了吧？故乡的亲友们、邻居们可还安好？他真的不敢想，不愿想。

　　1946年11月9日下午，丰子恺终于抵达崇德县城，当晚宿于亲戚家。亲朋好友闻讯都来探望。亲友相见，真是百感交集。第二天上午，他坐船回到了心心念念的石门湾，默默凭吊。运河依旧，后河依旧，运河的大弯依旧，但他家的染坊店、老屋、缘缘堂早已不在了。原本热闹得像上海南京路的寺弄，如今两旁的房屋都变成了草棚，曾经被称为"石门湾的市中心"的接待寺，也不见了。处处是废墟，满眼是衰落的景象。

丰子恺曾经最熟悉的木场桥，原来是一座石桥，现在变成简易的木桥。他凭记忆推测缘缘堂书斋的位置，看到那里有一株野生树木孤立地生长着，周边长满荆棘。想起抗战时期，丰子恺和全家人在桂林还曾收到老姑母的来信，说缘缘堂虽已毁，但烟囱

劫后余存的缘缘堂焦门

《劫余漫画》书影

尚完好,矗立于瓦砾场中,此是"烟火不断"之象,将来还可做人家。可现在,连这烟囱也影迹全无了,只剩一片蔓草荒烟,一切都变了!这已不是他在客梦中所惯见的故乡了。伤心之余,丰子恺画了一幅漫画《昔年欢宴处,树高已三丈》,多少愁绪,尽在不言中。

过往的童年游钓之地,如今是这样一番惨象。丰子恺的心,除了痛,还是痛。战争毁掉了他的家园,他已是一个无家可归的人了。这一次回乡,他只停留了一天,夜晚宿于亲戚丰益坤家,痛饮数十盅,以酒消愁,可又如何解得了这万斛愁!

多少次梦回故乡,梦回缘缘堂,而今,一切似乎仍只是一个梦,仍只有漂泊。

带着伤痛,带着悲愤,第二天,丰子恺默然离开故乡。之后,丰子恺在杭州西湖边觅屋而居。此后,他又去了台湾、香港、厦门等地,最后回到上海居住,直到去世,他再也没有机会回故乡定居。

故乡,再也回不去了。从前,再也回不去了。

他乡无好酒,不如归

1947年2月,丰子恺曾为上海立达学园筹集复校基金,在上海举办画展,所得润笔,一半捐给立达。后又去南京、无锡两地举办个人画展。就在这一年,他还为故乡石门小学重建校舍举行了漫画义卖。

1947年3月11日,丰子恺全家迁入杭州静江路(今北山街)85号小平屋内,称"湖畔小屋"。

有一天,丰子恺的亲友带了一箱书来,说是缘缘堂被毁前,侥幸代为抢出者,藏之十年了,今天物归原主。他开箱视之,有书籍、函牍、书稿、文稿等,其中还有珍贵的画稿一束,竟是逃难前所作,未及发表过,又不曾带走,便留在缘缘堂了。事隔十年,当日创作的情景,历历在目。他不胜感慨:"此画应毁而不毁,已失而复得,可谓劫中之奇迹,虎口余生,安得不加珍惜?"

于是，他又检点修整，得三十幅，加上在流亡中和后来所作的三十幅，共六十幅画，编辑成册，交付学生钱君匋的万叶书店刊印。丰子恺说："此画之终得问世，与我身之终得生还，皆劫中奇迹，虎口余生也，因名之曰《劫余漫画》。"

丰子恺在杭州西湖之畔住了一年半，后因开明书店老板章锡琛邀请，他带小女儿丰一吟一起于1948年9月27日赴台湾游览。他在台湾开画展、作讲座、访朋友，并游阿里山、日月潭等诸景。丰一吟曾在《丰子恺在台湾的日子》一文中写到，父亲跟她说过，这次到台湾，不仅游览一番，还想看看情况，如果天时、地利、人和的话，打算举家迁居。

1948年，丰子恺（前排左一）在台湾日月潭与章锡琛（前排右二）等人合影

第四章 • 梦回缘缘堂

那年10月,丰子恺在台北中山堂举办个人画展,作家谢冰莹到现场观看,并劝丰子恺在台湾定居。丰子恺却笑答,台湾是美丽的宝岛,四季如春,人情味也很浓,只是缺少一样东西,所以不能定居。谢冰莹问是什么东西。丰子恺很幽默地答道:"绍兴酒!"在场的人都大笑起来。

这虽是玩笑,但在丰子恺内心,确实是他乡虽好,终不如故乡亲。他在台湾逗留两个月后就渡海到了厦门。

之前,丰子恺曾经也想定居厦门,早把家属接到厦门同住。厦门是著名的花园城市,最重要的是,这里有他的恩师弘一大师曾经驻锡的南普陀寺,还有许多熟悉的友人。回到厦门后,丰子恺闭门三月,完成了第三集《护生画集》。

而这个时候,时间已到了1949年初,解放军在淮海战役中取胜,大军即将南渡长江。丰子恺的心也早已飞到了故乡。好友叶圣陶写信给他,劝他早日北返江南。丰子恺被叶圣陶的信打动。他曾对长女陈宝说过,他虽然喜欢南国四季如春的天气,但更怀念江南的四季有别、春红秋艳,后者更富有诗情画意和天时地利。丰子恺决定与家人重回江南。他安排家属先行北归,自己带着第三集《护生画集》画稿,赴香港请叶恭绰先生题字,并于1949年4月23日乘飞机,在隆隆炮声中返回上海,迎接解放。

丰子恺没有选择在台湾或厦门定居,而决意回到江南,那是一种埋藏于内心深处的家乡情结在起着决定性的作用。虽然不能回到石门湾,但上海与石门湾本来就近在咫尺,在他心里,也算是回到家乡了。以后的日子里,他一直生活在上海,直到去世。

第五章 咫尺天涯

日月楼

日月楼中日月长,天涯咫尺两茫茫。

顿开应是新天地,一代画魂归故乡。

1949年4月，丰子恺在炮声隆隆中，风尘仆仆地从香港回到上海，迎接新中国的到来。回到上海后，他屡次迁居，最后，在陕西南路39弄长乐村93号"日月楼"定居，直到1975年去世。丰子恺在上海居住前后有二十六年之久，虽然上海距离故乡石门湾仅一百三十多公里，但丰子恺回到家乡的机会却很少。咫尺天涯，情归何处？

拥抱新中国

1949年5月27日,上海解放,红旗飘扬在上海的早晨。丰子恺亲眼看到解放军进城纪律严明,大受感动。他兴奋地对家里人说:"旧社会有一句话:'好男不当兵,好铁不打钉。'这句话现在不适用了。解放军为正义而战,当兵的个个是好男!以前被称为东亚病夫的中国人从此振作起来了!我们的国家前途无限光明!"从这天开始,丰子恺以其一贯的赤子之心,以满腔的热情,积极投身于新中国的建设中。

1949年上海解放后的十多年时间里,丰子恺一改以前"三不先生"(不教书、不讲演、不赴宴)的做法,积极参与文化战线的各项重大社会活动。1949年7月,丰子恺当选为中华全国文学艺术工作者代表大会代表。1950年4月15日,丰子恺出席第三届上海市人民代表大会。7月,出席上海市文学艺术工作者第一次代表大会。11月，参加上海市抗美援朝分会，投身抗美援朝运动。12月，参加上海文艺工作者爱国主义作品座谈会。1953年，受陈毅市长聘任，担任上海市文史馆馆务委员。1954年，开始担任中国美术家协会常务理事，上海市美术家协会副主席。1956年11月，接待日中友好协会副会长内山完造。1957年，开始担任上海市政协委员、上海市外文学会理事。1959年4月，赴北京出席全国政协第三届第一次会议，会议期间受到周恩来总理的接见，丰子恺甚为兴奋和激动。1960年3月，丰子恺再次赴北京出席全国政协第三届第二次会议，再一次受到周恩来总理的接见。他创作《东风齐着力——一九六〇年春到北京参与大会》一文发表于《光明日报》。6月20日，上海中国画院正式成立，丰子恺任首任院长。这年7月起，担任中国对外文化协会上海市分会副会长。1962年3月，第三次赴北京出席全国政协第三届第三次会议。同年5月9日，出席上海市第二次文代会，当选为上海市美术家协会主席、上海市文学艺术界联合会副主席。

从上述丰子恺参与的那么多工作和活动可以看到，新中国成立之初的十年，他像换了一个人，一个全新的人。除了参加各种活动之外，他在编著翻译工作方面也十分繁忙。在居邻园村期间，丰子恺创作了《绘画鲁迅小说》，后由万叶书店出版。1959年，丰子恺以茅盾小说《林家铺子》为题材，创作了十幅形似连环画的情节漫画，以文画对照的形式刊于《文汇报》。

与当时其他处于新旧转型期的知识分子一样，丰子恺认识到，新中国尤其需要苏联的文化和音乐。于是，他从1950年春开始学

第五章 • 咫尺天涯

丰子恺在北京参加政协会议

习俄文,并积极从事俄文翻译工作,相继出版了《猎人笔记》《苏联音乐青年》《音乐的基本知识》等译著。他也翻译出版了许多日文作品,如夏目漱石的《旅宿》,又如《石川啄木小说集》等。尤其是从1962年12月开始翻译日本古典文学巨著《源氏物语》,该书有"日本红楼梦"之称。他说要用自己的残年来为新中国人民服务,发自内心地融入新的时代,拥抱新的生活。

他也没有忘记自己的恩师弘一法师,曾与马一浮、钱君匋等人一起在杭州虎跑寺建造弘一法师纪念塔,还完成了后面三集《护生画集》的创作。

这一时期,丰子恺心情舒畅,还经常与家人一起出游。所到之处,他都写了作品发表在报刊上。1962年,丰子恺曾把发表在

145

报刊上的文章整理编成一册《新缘缘堂随笔》(后改名《缘缘堂新笔》),共收三十二篇。

除了随笔和译著,这一时期,丰子恺在绘画方面也创作了不少作品。1963年12月,上海人民美术出版社出版了《丰子恺画集》,收集了他自1956年以来陆续发表的作品,其中有《庆千秋》《勤俭持家》《船里看春景》等赞颂新中国成就的新作,有《英雄故事》《妈妈我也要个红领巾》等专为儿童而作的画,还有《互防变互助》《瓜车的今昔》《老年工人的今昔》等彩色黑白对照的作品。在这本画册中,丰子恺写了五首七绝以代自序。

　　阅尽沧桑六十年,可歌可泣几千般。
　　有时不暇歌和泣,且用寥寥数笔传。

　　泥龙竹马眼前情,琐屑平凡总不论。
　　最喜小中能见大,但求弦外有余音。

　　也学欧风不喜专,偏怜象管与蛮笺。
　　漫言此是新风格,尝试成功自古难。

　　当年惨象画中收,曾刻图章曰速朽。
　　盼到速朽人未老,欣将彩笔绘新猷。

　　天地回春万象新,百花齐放百家鸣。

此花细小无姿色，也蒙东风雨露恩。

这个时候，丰子恺已经六十六岁了。回首往昔，几十年风雨沧桑，真是感慨万千。现在好了，东风浩荡，国泰民安。他看到了大地回春，万象更新。在建设新中国的新时代，他愿用自己的余生，以手中之笔，来描绘祖国的好山水、新图景。

"地下活动"寄韶华

1966年,"文化大革命"开始了。这位一心想服务于新中国、拥抱新中国的艺术家,也和其他许许多多知识分子一样,在"文革"中遭受了迫害。

一

1966年6月,上海中国画院出现批判丰子恺的大字报。丰子恺被迫到画院"交代问题",并被扣上多顶帽子:由于乡间曾有十数亩薄田,他被冠以"地主";因为曾在开明书店有股份,他被称为"资本家";但主要的头衔是"反动学术权威"……

在1967年至1968年间,丰子恺坐"牛棚",挨批斗,备受侮辱。1969年秋冬间,他被带至上海郊区港口曹行公社民建大队从事"三秋"劳动。冷天,他睡在就铺了稻草的泥地上,每逢下雪,屋顶缝隙中飘下来的雪积在枕边。在这样的时候,他还自我安慰说:"地当床,天当被,还有一河浜的洗脸水,用之不竭,是造物者之无尽藏也。"

二

1970年,丰子恺因患中毒性肺炎,经抢救脱险,留沪治疗,从此在家休养,不必再坐"牛棚"。他认为这是"因祸得福",心情倒变得愉快起来。病情略有好转,他就开始从事"地下活动"。

"地下活动"的内容包括作文、绘画、赋诗、翻译等。他利用清晨精神较好的空余时间,偷偷翻译日本古典文学作品《落洼物

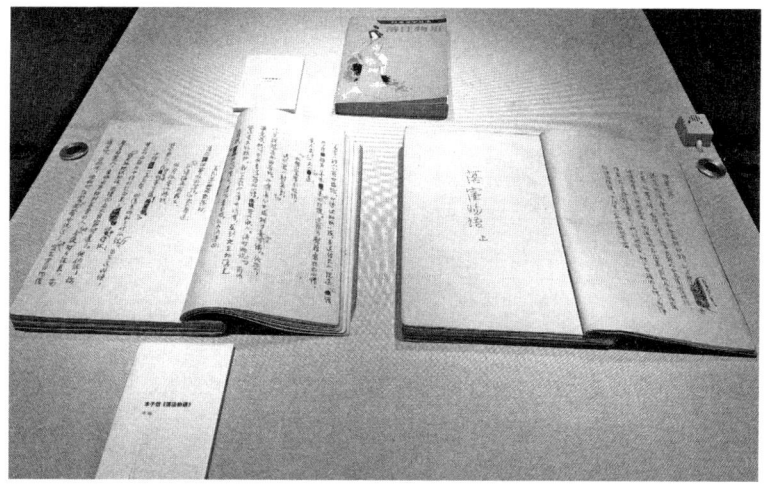

丰子恺翻译的《落洼物语》等(徐盈哲 摄)

语》《竹取物语》《伊势物语》等。还秘密翻译了《大乘起信论》，他在给石家庄的小儿子新枚的信中用暗语称之为"研习哲学"。翻译完毕，他把译作交给新枚珍藏。

在"地下活动"中，他偷偷画了许多画。他在给新枚的信中，同样用暗语称画画为"语录"。当时，他集旧作七十余幅，重画数套，名之曰《敝帚自珍》，分送给子女和学生胡治均收藏。这是丰子恺晚年的精品画作。他在序言中说："交爱我者藏之。今生画缘尽于此矣。"

1973年，丰子恺在艰难的环境中，提前完成了《护生画集》六册的创作，这是他承诺为弘一法师一百岁诞辰创作的一百幅作品，也是他晚年最重要的作品之一。至此，历时数十年、共六册的《护生画集》全部完成了。一句承诺，他用一生来践行。

此外，在"地下活动"中，丰子恺的重要作品还有《往事琐记》系列随笔。

"挑灯风雨夜，往事从头说。"回忆往事的写作，让丰子恺兴味十足，他几乎忘记自己所处的现实环境。在给新枚的信中，他多次谈到写作这些随笔时的心情："我近日晨间写《往事琐记》，颇有兴味。""我管自写我的《往事琐记》，很像《缘缘堂随笔》。""晨间照旧写'琐记'。""近来我对世事，木知木觉，自得其乐。都是养生之道。"一向达观的丰子恺，把写作随笔称为养生之道。由于现实环境的制约，他写这些回忆往事的文章，常常是在凌晨，人家还在睡梦里的时候，他就偷偷在写作了。到1972年底，丰子恺写成这一系列随笔共计三十三篇。后在发表时，改名为《缘缘堂续笔》。这是他晚年文学创作上的精品力作。

三

1972年12月30日，丰子恺接到上海中国画院的通知，说对他的"审查"结束，结论是"不戴资产阶级反动学术权威帽子，酌情发给生活费"。从这时开始，丰子恺被宣布"解放"，他终于有了相对的自由。

就在1973年3月，丰子恺由学生胡治均陪同，到杭州探望三姐丰满，并游灵隐，过蒋庄马一浮故居，上吴山。也是在杭州，《缘缘堂续笔》得以修改并定稿。随笔集为丰子恺在1971年至1972年期间，利用凌晨时分偷偷写成的，集名原为《往事琐记》，先改名为《续缘缘堂随笔》，后又改为《缘缘堂续笔》。收入该随笔集的三十三篇文章，在丰子恺生前均未发表过。其中有十七篇文章，在他去世后，收入丰一吟编的《缘缘堂随笔集》（浙江文艺出版社1983年5月初版）。后来，这三十三篇文章全部收入《丰子恺文集·文学卷二》。

《缘缘堂续笔》多为纯粹的纪事，写丰子恺对往事的回忆。那些内容在他胸间沉淀、历练了近半个世纪，再翻出来时，更是别有一番滋味，清淡而又浓烈。

丰子恺晚年因创作《缘缘堂续笔》，对故乡的怀念之情再一次强烈地涌上他的心头。这些文章中，有一大半写的都是故乡的人和风情，如《癞六伯》《中举人》《五爹爹》《王囡囡》《阿庆》《四轩柱》等。

在有生之年，再回一次故乡，再看一眼故乡的土地和乡亲，便成了他此时的最大心愿。

丰子恺在上海长乐村

最后一次回故乡

问故乡，是否别来无恙？

丰子恺定居上海，前后长达二十六年。这期间，他回到故乡的机会不多。一则是缘缘堂被毁，全家人都已定居上海，故乡已无处可依。二则是起初十年，他忙于参加各种活动和翻译创作工作，脱不开身。三则在"文化大革命"期间，他更没有自由，故乡只能在梦里出现。直到1975年春，丰子恺得了自由，方才回到故乡探望，而这一次，也是他最后一次站在故乡的土地上。

1973年10月23日，丰子恺在与乡人于梦全的通信中说："仆离乡多年，诸方疏阔。犹忆抗战前居石门湾时，曾与令尊石泉先生交往，屈指已三十余年矣。仆年登七六，幸得健在。回忆往昔，恍如一梦也。"于梦全的父亲于石泉，就是丰子恺儿时塾师于云芝的侄子。丰子恺与于氏三代都有交集，于梦全时常寄一些家乡土特产给在上海的丰家。三十多年过去，光阴如飞，恍然如梦。故乡，已渐行渐远。

1975年2月，丰子恺收到故乡石门镇革命委员会的一封来信，请他为镇上新建的"石门镇人民大会堂"题写八个大字，而且要求每个字均为一米见方，以便制作成门额悬挂。信中说："这是您的故乡，务请大笔一挥，欢迎您回来参观。"

丰子恺很高兴，在那样不同寻常的环境下，故乡人民还记得他，看重他，并请他题字。他很激动，也很重视。他摊开大幅宣纸，按照要求，认真地写下了这八个大字。丰一吟后来回忆说，这是她父亲平生写过的最大的字，当时因为上海的居所小，写这几个大字时要在吃饭间里才铺得开。

寄出了题字以后，丰子恺在给儿子新枚的信中说，他很高兴为故乡题字，打算去故乡看看，同时也要去看看妹妹雪雪一家。就在这年的4月12日，丰子恺在弟子胡治均、女儿林先等陪同下，前往石门湾探亲，住在南圣浜的妹妹雪雪家。

"少小离家老大回，乡音无改鬓毛衰。儿童相见不相识，笑问客从何处来。"贺知章的这首《回乡偶书》，写出了此刻丰子恺的心情。此次回乡，他在石门湾住了十日，受到了乡亲们的热情欢迎。亲友们纷纷来访，丰子恺很开心。重游故地，令他感慨万端。

临别时，丰子恺答应乡亲们一定会再回来。但没想到，这是他最后一次回故乡，是永远的诀别。回到上海后，他写了许多张字分送亲友，写的大多是贺知章的那首诗。

丰子恺（右一）与妹妹雪雪等合影

这一次回乡，丰子恺还坐船到石门镇上，想看看新建的大会堂。然而，大会堂门面上并没有挂他所写的门额。陪同的人告诉他，大会堂尚未完工，他的题字还没有制作好，所以没有装上去。丰子恺深信不疑，就在工农桥上以大会堂为背景拍照留念。而他却不知道，实际情况是镇革委会的领导考虑到他是被批判过的"反动学术权威"，最终没敢用他写的字。"文化大革命"结束后，当人们记起丰先生这珍贵的题字时，已经查无着落，至今也不知道它的命运如何，成了一个无解的谜。

回乡的心愿已了，答应老师的《护生画集》也已完成，丰子恺的缘缘人生，也将走到尽头。1975年8月15日，胞姐丰满在杭

1975年，丰子恺回故乡时与众乡亲合影

州病逝，噩耗传到上海，原本就疾病缠身的丰子恺悲不自胜，病情加重，住进了大华医院，后转华山医院。9月15日12时08分，丰子恺在上海华山医院去世，终年七十八岁。9月19日，上海中国画院在龙华火葬场大厅举行了丰子恺追悼会，老友叶圣陶作悼诗，内有句云："潇洒风神永忆渠"。

一代艺术家丰子恺终究没有等到平反昭雪，没有等到"四人帮"垮台，没有等到春天的到来，就这么含冤病逝于上海，无限惆怅地离开了这个世界。他还有太多事情来不及做，还有许多画来不及画，许多文章来不及写，还有他放不下的故乡石门湾。运河依旧，石门湾依旧，但从此世上再无丰子恺。

丰子恺（左）与学生胡治均摄于故乡石门西竺庵

第六章 笔下的故乡风情

长相思

写尽桐乡好地方，木场桥下水流芳。
缘来随笔多情意，页页皆存松墨香。

对于艺术家丰子恺而言，故乡，是一座金矿，是艺术创作的不竭源泉。每逢起了倦游的心情时，丰子恺便惦记起故乡来。在故乡，有他熟悉的江南水乡，有他关切的亲友和可爱的孩子，有他的老屋和新建的缘缘堂，有他的万卷藏书，有他手植的芭蕉、樱桃……他为后人留下了无数脍炙人口的乡情散文和深入人心的乡情漫画，在这些作品里，我们可以读到他倾注于笔端的乡景、乡人、乡风，如万花筒般，精彩纷呈，百读不厌。丰子恺对家乡的感情，深深镌刻在他的一笔一画中。

故乡风物

丰子恺笔下的故乡风物,包括故乡的独特风景、故乡的有趣物事、各种乡土特产等。这些难忘的记忆,常常引发他画画或作文的欲望,也因他的漫画、随笔,这些原本普通平常的东西,变得与众不同。

一

阅尽人间春色,故乡风景最美。故乡的风景,在丰子恺的随笔、漫画中很是常见。他用饱含深情的笔,描绘了生于斯、长于斯、梦萦魂牵的风水宝地石门湾,大运河、后河、木场桥、缘缘堂、丰同裕染坊……一一在他的笔下展现。

运河风景

在江南水乡，人们出行常常坐船。丰子恺在故乡居住时，喜欢自己雇一条船，去石门湾附近的乡间游览并采集创作素材。他在杭州时，也多坐船出行，沿运河往返于石门湾与杭州之间，尽享船行的乐趣。他的许多漫画都以运河为背景，比如他画的《柳边人约待船归》便是家乡运河渡口的写照。运河塘上经常会看到背纤劳作的人，丰子恺对他们很是同情，漫画《纤》，画出了河上纤夫的辛苦。

丰子恺描绘运河最有名的还是散文《肉腿》和《送考》以及漫画《云霓》等，这些作品生动展现了1934年（民国廿三年）运河大旱的情景。"民国廿三年，河浜底朝天，稻谷收勿着，讨饭卖长年。"这是流传在桐乡民间的一首歌谣。1934年夏，桐乡遭逢特大旱灾。从农历三月下旬到七月下旬，连续四个月滴雨未下，且持续高温，横贯桐乡境内的京杭大运河只剩下河底的一线浅水。而这个季节正是农民种田护田的时候。为了田里的庄稼，为了生计，农民们引仅有的运河之水救急，在运河两岸架起水车车水。先要将运河里的水车入支河，再从支河车入小浜，最后从小浜车入田间。河水从水位很低的运河，经过三四个层次的辗转，才能引入田间，非常不容易。

那年夏天，丰子恺从石门湾乘船经崇德到长安搭火车去杭州，途中亲眼看见了农民踏水车抗旱的情景。1934年8月，他写下《肉腿》《送考》等文章，留下了当年的现实图景。他还画了《云霓》这幅经典之作，这是当年农民与干旱抗争的真实写照，同时，

"云霓"也有象征意味,它鼓励挣扎在生死线上的乡人们,坚持再坚持,希望总在前头。

与运河相通的还有他家门前的后河,这也是丰子恺笔下常常出现的风景。他创作的许多随笔,如《四轩柱》《王囡囡》《阿庆》等,以及相关漫画插图,都是这条河边的世态百相和人文风情的写照。

小镇风景

丰子恺晚年创作的《缘缘堂续笔》中,有二十多篇专门是写故乡石门湾这个水乡小镇旧时风物的。这个坐落于大运河畔、不足万人的江南小镇,曾经也是一个富贵安乐之乡,历史底蕴深厚,街市繁华,胜过县城。但经历战乱,昔日的繁华不再。幸运的是,丰子恺用他的笔为我们写了下来,原汁原味地记录下了曾经发生在这个小镇上的种种人和事,生动展现了清末民初石门湾的社会生活。

缘缘堂风景

1933年春,丰子恺用稿费建起了缘缘堂,从此专事著述,过起了自得其乐的赋闲生活。可好景不长,抗战全面爆发,江南地区也遭到炮火的侵袭。丰子恺带了一家老小辞别缘缘堂,开始了长达十年的逃难离乱生活,而缘缘堂也在战乱中被毁。丰子恺在异乡,写下了《辞缘缘堂》《告缘缘堂在天之灵》《还我缘缘堂》等作品。抗战胜利后,还写了《胜利还乡记》等。这一系列文章,都深情地写出了他对故乡的热爱,尤其是对亲手建造的缘缘堂的喜爱,对缘缘堂四季风景的赞美,以及它被日寇所毁后的悼念痛惜之情。他也留下了《红了樱桃绿了芭蕉》《昔年欢宴处,树高已三丈》等著名漫画。

游钓之地

在散文《两个"?"》《学画回忆》和漫画《染于苍则苍,染于黄则黄》等作品中描绘了丰同裕染坊,那里有丰子恺色彩斑斓的童年。丰子恺晚年写了一批乡情散文,表达对故乡的怀念和对童年生活的追忆,包括《阿庆》《王囡囡》《四轩柱》《五爹爹》《癞六伯》等,还绘有漫画《乘凉》等作品,也都涉及石门湾后河和木场桥的旧时风景,这里是丰子恺童年游钓之地。

故乡四季

丰子恺有一幅漫画名为《江南秋》,用几朵菊花、两只河蟹显现了江南秋天的特征,体现了丰子恺漫画"小中能见大"的艺术特色。桐乡是杭白菊的原产地,河蟹也是这里的特产。而菊花与河蟹,正是丰子恺的心爱之物。1933年,他在《九日》一文中写道:"我小时候欢喜喝酒,而学生时代不得公开地喝。到了秋深蟹正肥的时候,想起了故乡南湖大蟹正上市,菊花盛开,为之神往。"丰子恺喜欢吃蟹,是受其父亲的影响。他在《忆儿时》中写到他父亲嗜蟹的趣事。从每年七八月份开始,丰子恺的父亲每天晚上都要以蟹过酒,儿时的丰子恺也会得到几只蟹脚尝尝。而到

第六章 ● 笔下的故乡风情

丰子恺漫画《香稻》

七月半、中秋、重阳等节日，像丰子恺这样的小孩子也有机会单独吃一只大河蟹。因为从小养成了这样的饮食习惯，长大后，他也喜欢吃蟹和酒。在他乡生活的时候，每到秋天，就涌起思乡之情，这是丰子恺版的"莼鲈之思"。丰子恺曾到台湾、厦门等地游访，最终没有在台湾或厦门等地定居，而是在上海解放前夕毅然回到江南，个中原因不言而喻，因为他更偏爱四季分明的江南，那是他永远割舍不下的故乡。

二

阅读丰子恺的乡情散文和漫画，常常会被他笔下的有趣物事所打动，引发许多共鸣。如丰家的染坊、彩伞，父亲的私塾，西竺庵小学校，水乡的茶馆，还有旋糖担、西洋景，桐乡特色的羊肉大面、馄饨担，桐乡槜李、桐乡时酒，石门湾的乡音、乡间的社戏，丰子恺笔下的种种物事，构成了他作品的地域特色和时代风貌。

丰同裕染坊

明清时的石门镇上，织布业比较发达，染布坊也就发展起来。当时，镇上有六家染坊，丰子恺家开的丰同裕染坊便是其中之一。丰子恺的《两个"？"》一文中写到他的祖父丰肇庆创办的丰同裕染坊。这丰同裕染坊跟丰子恺的童年生活以及后来学画，都有着密切的影响。染坊里的学徒，是他童年的玩伴。染坊所用的颜料，是他儿时学画的色料。染坊周边的场地，是他儿时游乐的小天地。可以说，是这家染坊，给了童年丰子恺最初的美学启蒙。这家染坊，也是丰家的收入来源之一，因收入不多，也有"家养店"的说法。可惜，抗战时期，丰同裕染坊也同缘缘堂一起被日军炮火所毁。新中国成立后，丰同裕染坊与另外几家店合并为石门印染小组。现在的丰同裕染坊，是创办于2003年11月的一家民营企业，也是石门镇一家以传统工艺制作蓝印花布的特色企业。

丰家的彩伞

丰子恺在《视觉的粮食》一文中，写到儿时家乡过元宵节的盛况，尤其是元宵灯会上父亲和姑母制作的彩伞，最使他难忘。元宵节这天，镇上家家都要拿出自家制作的精美的灯来参加迎灯活动。丰家做的灯叫凉伞灯，也称彩伞。形状似伞，伞顶用彩纸糊成。伞周有六个块面，每一块面由三张粘在一起的方形纸片组成。十八张纸片上，均有书画。背衬剪空，刺出小孔。迎灯时，伞中设灯，灯光从小孔映出一幅幅精美的书画，五光十色，十分美观。丰家的凉伞灯，综合了绘画、书法、剪纸、刺绣等多种艺术，有很高的工艺水平，被推为全镇最精致而高级的彩灯。1966年立春日，丰子恺曾写《彩伞说明》，回忆起七十余年前，父亲与姑母制作彩伞，在元宵灯会被推为佳制的往事。这顶彩伞，原本保存于石门缘缘堂。抗战时期，此伞幸运地被乡人保存了下来。后石门湾人沈某购得此伞。1965年，沈某之子将它送还给了丰家。丰家又将它赠予桐乡市文物部门代为保管。桐乡精美的民间艺术，从这顶彩伞可见一斑。

丰子恺就读的私塾

丰子恺五岁时，他的父亲丰鐄考中了举人，但后来科举废止，便没有机会再通过考试进入士大夫行列，只好在家设私塾教学生。丰子恺六岁时进入父亲的私塾里读书。他在《学画回忆》一文中写到，小时候，他喜欢画画，从染坊店里拿了颜料，在自己所读的《千家诗》课本插图上涂上喜欢的颜色。因为书的纸很薄，颜料渗透下去，将后面的七八页都弄脏了。父亲发现后，要用戒尺打他，幸好被母亲和姐姐劝住了。后来他还在父亲晒书时悄悄拿了一本《芥子园画谱》照着画画，颜料还是染坊店里拿来的，不过他自己会调好看的颜色了。父亲去世后，丰子恺转入镇上的于云芝私塾，那时，他描画的兴趣更浓，水平也更高了。同学们争相求他画画。他的先生知道后，非但没有责怪他，还叫他画一幅孔子像，挂在私塾里让学生们每天膜拜。先生还让他画龙旗，让学生们扛着旗子到室外上体育课。就这样，他从小就赢得了"小画家"的称号。

西竺庵小学堂

丰子恺就读的溪西小学堂，当时就设在石门西市梢的西竺庵里，借庵里的祖师殿做校舍。学生入学，就必然要走进山门，通过大殿，与和尚们天天见面。其中有一个小和尚叫菊林，引起了丰子恺的注意。丰子恺晚年写过《菊林》一文，回忆抗战胜利后

第六章 ● 笔下的故乡风情

丰子恺故里一角（徐盈哲 摄）

木场桥下的后河（徐盈哲 摄）

回故乡凭吊时，看见西竺庵的一部分还在，屋宇尘封已久，菊林等和尚们早已不知去向，物是人非。丰子恺在这个小学堂里读完小学，而且品学兼优，以第一名的成绩毕业。

水乡茶馆

杭嘉湖水乡的茶馆特别多。新中国成立以前，桐乡境内有大小茶馆五百多家，遍布城乡。在石门湾这个小镇上，旧时也有三四十家茶馆。石门镇上的茶馆大多只卖早茶，在清晨至上午这段时间营业，茶客主要是四乡出早市的农民。他们清早上街，在茶馆里泡壶茶，跟熟悉的茶友聊聊天，交流村野逸闻，等水清茶淡之后，带点油盐酱醋回去出工干活。少数茶馆在中午和下午继续营业，卖市茶。吃市茶的大多为镇上的商店业主，他们上茶馆，一是休闲，二是交流商情。石门湾比较有名的茶馆，有坐落于寺弄内的万兴楼和坐落于接待寺内的长乐楼，还有堰桥塃的德兴楼，以及下西弄的矮娘娘茶店等。丰子恺不是特别喜欢饮茶，但却喜欢上茶馆。他上茶馆是为了去观察了解三教九流的茶客，为写作和绘画积累素材。他在石门湾居住时，常去镇上茶馆观察，他画的《茶店一角》这幅画，就取材于旧时故乡的茶馆。他后来到杭州居住，也喜欢上茶馆去写生。

三

丰子恺笔下还写到许多故乡的土特产，如荠菜、毛豆、蚕豆、鲜菱、荸荠、软糕、槜李，还有时酒、花雕、丝绵……因为是儿时常常吃到、见到的物事，长大以后，在异乡也常常会睹物思乡。比如，吃新蚕豆的时候，他会想到故乡的春天。吃枇杷的时候，他会想到故乡人种桑、养蚕、缫丝的种种趣事。吃蟹酒的时候，他会想到故乡的秋天，回忆父亲还在的时候，全家人一起吃蟹的情景。冬天下雪的时候，丰子恺情不自禁地画下《故乡之冬》《麻雀》等。

时　酒

丰子恺在《忆儿时》一文中写道："我的父亲中了举人之后，科举就废，他无事在家，每天吃酒、看书。"大概是受了父亲的影响，丰子恺也喜欢吃酒。浙江人大多爱喝绍兴酒，丰子恺也特别爱绍兴酒，他在文章和漫画中称之为"故乡来的酒"。他平时饮酒量不多，但在情绪激动的时候，就会以酒助兴或借酒浇愁。抗战时期，他和家人逃难寓居重庆。1945年8月，当听到日本已宣布无条件投降的消息后，他高兴万分，立即从家中拿出所有的酒，到院子里和街坊邻居一起畅饮，吃醉了之后，又跟着青年们一起上街狂欢，直到后半夜才回家。"文化大革命"时期，他年逾古稀，身体欠佳，每天坐"牛棚"，苦不堪言，但从"牛棚"回来，一杯绍兴酒下肚，他便把一切愁苦暂时都忘了，又可以偷偷从事画画、作文等"地下活动"了。他晚年写的《缘缘堂续笔》中许多经典名篇，就是这样创作出来的。他读陶渊明的诗"在世无所需，惟酒与长年"，常常觉得很有同感。

在丰子恺的笔下还有一种故乡的酒叫作"时酒"。时酒,顾名思义,多半是适合时令的一种酒。这是乡镇人家自家酿的一种米酒,度数不高,喝上去甜甜的,很是上口。如《癞六伯》一文中天天喜欢吃点小酒的癞六伯,喝的就是时酒。在桐乡农村,过年过节亲戚来家做客,也常常以时酒待客。丰子恺在故乡时,也喜欢吃时酒。故乡的酒,在他的心里,寄托着一生都割舍不了的浓浓乡情。

养蚕、吃蟹、钓鱼

在《忆儿时》一文中,丰子恺写到三件不能忘却的乐事。一是他小时候,祖母在家里养蚕,然后请人来家里做丝。这个季节,正是江南的春夏时节,枇杷正上市,一派欣欣向荣。儿时的他,就在吃软糕、吃枇杷的快乐中度过。等做好丝,收拾丝车,只听蒋五伯说声"要吃枇杷,来年蚕罢",乐事兴尽。二是中秋赏月,父亲晚酌,一家人吃蟹赏月,也是一件赏心乐事。但父亲去世后,丰子恺再没尝过这种好滋味,又是乐事兴尽。三是与小伙伴王囡囡钓鱼的乐事。在儿时玩伴中,王囡囡与丰子恺最要好,一起玩的时候,王囡囡也时时照顾他,教会他许多好玩的事,尤其是钓鱼。丰子恺长大后赴他乡读书、工作,不再有工夫钓鱼,但从书中读到"游钓之地",方才知道是形容故乡的,于是又想起了儿时的伙伴。这些难忘的记忆,对儿时的他来说,件件都是乐事,而长大成人之后,想到这些事都是杀生取乐,因此又不免深深悼惜与忏悔。

第六章 ● 笔下的故乡风情

丰子恺漫画《三眠》

吹大糖担

在《午夜高楼》一文中,丰子恺写到了儿时熟悉的故乡小镇上的圆子担和馄饨担。他即便躺在高楼中的凉床上,也能根据声音判断出街上叫卖的是馄饨担还是圆子担。如果是"柝、柝、柝"的声音,就知道是馄饨担。如果是"的、的、的"的声音,就知道是圆子担。圆子担敲的是两根竹片,其声高而小、急,音色纯粹清楚,圆滑而细致,似乎与小圆子的性状相似。在丰子恺的家乡,人们称这种圆子为"救命圆子",言其细小不能吃饱,仅足以救命而已。

对这种小圆子,丰子恺情有独钟。抗战时期,他带领全家逃难到广西桂林,住在两江圩乡下,看见路旁有卖小圆子的担子,便买了两包拿回家,在炭炉上烧了分给全家人吃。这种圆子也是用水磨粉做的,里面有糖馅,糖是柳糖,味道很鲜,大家吃得很开心。丰子恺自逃难到了广西后,总觉得他乡的食物不合胃口,但这圆子颇赶得上家乡的滋味。于是,后来他和儿女们就常去买生米粉、柳糖等,自己做小圆子吃。

更让丰子恺难忘的是儿时所亲近的糖担,家乡人称之为吹大糖担。挑担的大都是青田人,姓刘。据说,他们都是刘伯温的后裔。刘伯温能知未来,留下遗言嘱其子孙挑吹大糖担,谓必有发达之一日,因此其子孙世守勿懈。又听说乡里有刘伯温所埋藏宝物多处,至今未被发掘,大约是要留给挑吹大糖担者发掘的。而在丰子恺老家附近,据说旧有一个石槛,也是刘伯温设置的,谓此一带永无火灾。丰子恺幼时对这些故事很感兴味,因此对于挑吹大糖担者更觉可亲。每闻"当、当、当"之声，就向母亲讨了铜板，出去买来吃。这些挑担的能吹出各种形状，羊卵脬、葫芦、老鼠偷油、水烟筒、宝塔等，手法娴熟，都能当众敏捷地吹成。这些对丰子恺来说，无论在精神上，还是物质上，都是一种无上的快乐。许多年过去后，当他听到"当、当、当"的声音时，仍然觉得非常可亲。那锣声的音乐华丽而热闹，令人兴奋。一听到"当、当、当"之声，他便可联想到担上那些红红绿绿、各种花样的糖，糖的甜味，以及围绕糖担的孩子们的欢笑，想象那锣仿佛是一个慈祥、欢喜、和平、博爱的天使，两手擎着许多华丽的糖在路上走，口中高叫："糖！糖！糖！"把糖分赠给快乐的孩子们。而丰子恺自己正是这群孩子中的一个。

爆炒米花

在《爆炒米花》一文中，丰子恺充满兴味地写到的爆米花，是旧时江南城乡冬天惯见的一种普通零食。而爆炒米花的人大多是外乡人。一个有柄的铁球、一只炭炉、一只风箱、一只麻袋和一张小凳，是他全部的家当。爆米花的人，把人家要爆的米放进铁球里去，密封起来，把铁球架在炭炉上，然后坐在小凳上，一手拉风箱，一手摇铁球。看看时间差不多了，他就把铁球卸下，放进麻袋里，然后启封，只听"砰"的一声响，米粒滚到麻袋里，颗颗如黄豆一样大，倒入孩子们的篮子里。"空隆空隆"，一袋爆米花可以吃好久呢。爆米花机不但可以爆米，还可以爆年糕片、蚕豆等。在文章的最后，丰子恺回想起《缘缘堂随笔》出版时，曾送给家乡的一位长辈、他认作义父的杨梦江指教。杨梦江是丰子恺父亲的一个朋友，前清秀才，诗书满腹，对当时提倡的白话文持反对态度。他看了丰子恺的文章后说，这种文章若让他们接受过旧学教育的人做起来，每篇只要二十八个字（一首七绝）或二十个字（一首五绝），言简意赅。丰子恺将这段回忆和爆炒米花结合起来，幽默地说，原来他的白话散文与古诗相比，就好像是爆松过的年糕片。

丝　绵

丰子恺在《辞缘缘堂》一文中写道，自己的家乡是著名的蚕桑丝绸之乡，素有"丝绸之府"的美誉。乡村人家，无论贫富，春天都养蚕，称为"看宝宝"。他们的粮食靠田地，而衣被靠养蚕。在蚕乡，丝绵当然是极普通的衣料。因为得天独厚，丰子恺的家乡人人会翻丝绵，乡人无论老少都有丝绵袄，连乞丐身上也穿丝绵袄。而其他的地方，要出高价才能买到丝绵，还要请翻丝绵的专家特制成袄子，简直可与狐裘一类的贵重物品相提并论了。丰子恺不无自豪地感叹："'人生衣食真难事'，而我乡人得天独厚。"可就是在这样一个富贵安乐之乡，抗战时期，他也不得不带着一家老小，远走他乡。想到故园成焦土，他自己在千里之外飘零，只有在文章中写一写，回忆一下故乡的往事了，不禁黯然。

梧　桐

桐乡是梧桐之乡。丰子恺有《梧桐叶》一文，细致描述了梧桐树与江南四季的关系，春夏秋冬，它们"浓妆淡抹，显出了种种的容貌"。当春尽夏初之时，他看见新桐初乳的光景。那些嫩黄的小叶子一簇簇地顶在秃枝头上，好像一堂树灯，又好像小学生的剪贴图案，布置均匀而带幼稚气。在夏天，他又眼见绿叶成荫的光景。那些团扇大的叶片，长得密密层层，望去不留一线空隙，好像一个大绿障，又好像图画中的一座青山。秋冬时，他又看见梧桐叶落的光景。枝头渐渐地虚空了，露出树后面的房屋来，终于只剩几根枝条，回复了春初的面目。丰子恺很感慨地写道："梧桐的叶，自初生至落尽，占有大半年之久，况且这般繁茂，这般盛大！眼前高厚浓重的几堆大绿，一朝又化为乌有！"他不禁感叹，生命的"无常"，莫大于此了！

故乡的风物写不完。丰子恺与故乡的情缘，深深地渗透在他的漫画和随笔中。这些难忘的故乡物事，是他创作的源泉。无论是绘画还是文学创作，他的笔下，自始至终离不开故土的滋养与浸润。故乡是他永远抹不去的记忆和底色，离开了这个记忆和底色，就不可能真正读懂丰子恺。

故乡人物

丰子恺笔下的故乡人物有很多，有自己身边的亲人，包括祖母丰八娘娘、开明的父亲、身兼严父慈母双重责任的母亲，胞姐丰满、胞妹雪雪、早逝的慧弟、患难与共的妻子徐力民等，以及绕于膝下那一群可爱的孩子，如爱动的阿宝、好奇的林先、专心的软软、爱模仿的瞻瞻、与音乐有缘的元草、喜绘画爱京剧的一吟、"未来的国民"新枚等。也有邻里乡亲、童年玩伴、老师同学等，如五爹爹、王囡囡、阿庆、小和尚菊林、小学同级生等。还有在故乡生活时观察到或写生时看到的各色人等，如三娘娘、四轩柱、歪鲈婆阿三等。丰子恺写他们的时候，笔下包含浓浓的乡情、亲情，因此，读来特别有亲切感，接地气。他笔下的故乡人物，个性鲜明，栩栩如生，成为极有辨识度的人物群像。

第六章 · 笔下的故乡风情

一

先说说丰子恺笔下的亲人们。

祖母丰八娘娘

丰子恺的祖母姓沈,因为丰子恺祖父丰肇庆排行第八,所以人们就称沈氏为丰八娘娘。丰子恺在《中举人》《忆儿时》等文章中,都写到丰八娘娘。她对儿时的丰子恺影响很大。

丰八娘娘出身于书香门第,知书达理,为人个性好强,爱好行乐。她特别爱看戏,石门镇上每次演戏,她逢场必看,还将唱戏的人拉到家里教儿女们唱戏,引来不少非议。但她对子女们的学习却从不放松,特别希望儿子用功读书,取得功名,出人头地,光耀门楣。等儿子中了举人,祖坟上插了旗杆,她才闭眼而去。

丰八娘娘重男轻女,儿子结婚后,总盼望媳妇能生儿子,延续香火。丰子恺的母亲连生六个全是女孩,对此丰八娘娘很不悦。直到第七胎,总算生了个男孩,也就是丰子恺,取乳名为慈玉。丰八娘娘特别开心,连忙赶往镇上的接待寺及西竺庵去烧香拜佛,祝小孙子长命百岁。她把慈玉视为命根子,对他百般宠爱。丰子恺儿时,觉得最好玩的是祖母在家养蚕,以及跟祖母一起去镇上看迎灯赛会,丰家的彩灯花伞最出风头,这对他的艺术成长起着启蒙作用。

父亲丰镤

丰子恺在《忆儿时》《中举人》等文章中,也多次回忆父亲丰镤。丰镤是清朝光绪年间最后一科举人。可惜他中举后,因其母病逝,在家守孝三年,待守孝完毕,科举已废,他未能参加会试,也没有做官,只好在家设塾教书。丰镤虽是封建时代的举人,但思想比较开明,他反对妇女缠足,他的女儿、丰子恺的姐姐丰满便是大脚女子。丰镤终身郁郁不得志,四十二岁时因肺病去世。那年丰子恺才九岁,在他后来的成长历程中,父爱是相对缺失的。丰子恺成人后,常常想起父亲的早逝,因自己没有机会尽人子之孝而遗憾。

良师贤母

丰子恺在其散文名篇《我的母亲》中饱含深情地回忆过自己的母亲。因为父亲早逝,他的母亲便既当爹又当妈。文中写道:"我九岁的时候,父亲遗下了母亲和我们姐弟六人,薄田数亩和染坊店一间而逝世。我家内外一切责任全部归母亲负担……她像贤主一般招待我,又像良师一般教训我。"母亲于丰子恺来说,既是慈父,又是贤母,还是良师。

丰子恺父亲去世后,一家人只能靠几亩薄田和一家染坊店过日子。好在母亲非常能干,虽然她不识字,却将家里、店里的事料理得井井有条,对孩子的教育更是用尽心思。丰子恺九岁之前受教于父亲。父亲去世后,母亲将他送到于云芝私塾里读书,她期望儿子长大后能重振家声,对孩子的爱好从不横加阻拦,对他的学习更是严格要求。丰子恺从小爱好画画,母亲也和诸姐一起来欣赏,这对他后来的成长,无疑是一种鼓励。丰子恺去杭州求学时,母亲告诫他待人接物、求学立身的大道理。他对母亲怀有深厚的感情。1930年,母亲去世后,丰子恺便蓄须留念。之前,丰子恺去日本游学时,母亲曾卖掉祖屋供他学费。为此,她生前一直有个心愿,想造一座新屋,并已经悄悄地用多年积蓄买下地基。可惜,缘缘堂新屋落成的时候,丰子恺的母亲已经去世三年了。他为了纪念母亲,报答母恩,将楼上的书斋取名为"春晖堂"。

兄弟姐妹

丰子恺的母亲生了七女三男十个孩子,但因先天不足、营养不良、医疗条件差等原因,大多早逝。他有一篇文章《慧弟之死》,深情悼念了死去的弟弟慧珠。最后,只留下丰子恺及其姐姐丰满、妹妹丰雪珍三人,他们感情很深。丰子恺三姐丰满,自幼在石门湾读书,后来成了石门湾振华女校的第二任校长。丰满婚姻不顺,离婚后一直跟丰子恺一家生活在一起。

丰子恺在《辞缘缘堂》一文中写到,妹妹雪雪自小被送到石门湾乡间南圣浜一蒋姓农民家里做童养媳。1937年11月6日,日军飞机轰炸石门湾,雪雪担心哥哥一家的安全,叫丈夫蒋茂春及其弟弟蒋继春摇了农船到镇上,接丰子恺一家去乡下避难。抗战胜利后,丰子恺因石门湾"无家可归"而寓居杭州,但兄妹之间仍常往来。"文化大革命"期间,丰子恺坐"牛棚",雪雪派儿子蒋正东去上海探望过舅舅。1975年，丰子恺从"牛棚"出来后，思念故乡和妹妹，曾回到石门湾，并坐船到南圣浜看望雪雪。数十年不见，七十三岁的妹妹依然踩着小脚到河边迎接哥哥。此情此景，让丰子恺感慨万千，写下贺知章的《回乡偶书》条幅，亲手贴在雪雪家中墙壁上，并当场吟诵此诗。这一次，他在乡间与妹妹促膝叙旧。谁知，回沪之后不到半年，丰子恺便离开了人世，这次返乡竟成了他跟妹妹最后的告别。

贤妻徐力民

丰子恺没有专文写妻子徐力民，但与他患难与共的妻子时时出现在他的文章和漫画中。徐力民是当年崇德县城富绅徐芮荪的千金，她虽出身名门望族，又是书香门第，但没有一点娇气，是一个勤劳俭朴、平易近人的内当家。丰子恺与徐力民结婚后，差不多隔年就生一个孩子，先后共生了八个孩子（其中两个夭折）。徐力民既要照顾一群孩子，管他们的吃穿，又要料理全家及染坊店职工两桌人的饭菜，还要接待常来的亲戚朋友，家务繁重可想而知。她为了不影响丰子恺的学习和创作，从不去打扰他，将一切家务杂事，全部担在自己肩上。可以说，艺术大师丰子恺成功的背后，也有他妻子的辛苦付出。作家谢冰莹曾写文章说："子恺先生是很幸福的，他有一位秀外慧中、温柔体贴的好太太，能够吃苦耐劳，持家有道，教子有方，不论处理家中大小事情，都井井有条，待人接物，面面周到。子恺先生数十年来，能够完全不过问家事，而专心一致地忠于艺术，实在得力于贤内助的帮助。"

确实如此,家有贤内助,是丰子恺的幸运。他有一幅画《久雨》,画的就是这位贤内助,她跟孩子们的外婆一起,正聚精会神地忙碌着缝补的事,竟没有发觉有人在画她们。丰子恺与徐力民这对少年夫妇老来伴,一生不离不弃,为人楷模。

二

丰子恺笔下最可爱的是儿女们的写照。他曾在《儿女》一文中写道:"近来我的心为四事所占据了:天上的神明与星辰,人间的艺术与儿童,这小燕子似的一群儿女,是在人世间与我因缘最深的儿童,他们在我心中占有与神明、星辰、艺术同等的地位。"儿童,一直是丰子恺笔下的主角。因为有他的妙笔,他的儿女们均成为家喻户晓的人物,成为中国现当代艺术园地中的经典形象。阿宝、瞻瞻、软软、林先、一吟、新枚……他们既是丰先生的儿女,更是无数读者心中的偶像。我们从丰子恺的作品中认识他们,熟悉他们,并久久地记住了那可爱、生动而真实的形象。

爱动的阿宝

凡是看过开明书店出版的《子恺漫画》的人,总不会忘记《阿宝赤膊》,在这一幅寥寥数笔的漫画里,丰子恺把一个小女孩儿的羞涩态度表现得淋漓尽致。早在20世纪二三十年代,丰子恺就创作了不少富有童趣的儿童漫画,其中不少作品是以自己的孩子为模特儿,而长女阿宝入画最多,如《阿宝两只脚,凳子四只脚》《阿宝赤膊》《阿宝折纸》等。阿宝名丰陈宝,出生于石门湾。小时候,阿宝是个捣乱分子,吃蛋要吃蛋黄,不要吃蛋白,每天为了要求的不满足而哭几场。《阿宝两只脚,凳子四只脚》画于1925年,阿宝五岁时。

可是,岁月无情,赤膊时代的阿宝,总是要长大,要走出黄金时代。1935年,丰子恺在《申报·自由谈》上发表了《送阿宝出黄金时代》的著名散文,他在文中感叹阿宝们终究要泯灭童真的悲哀,儿童时代总是美好而易逝。

阿宝十四岁考入杭州的中学读书,三年后抗战全面爆发,她随父母逃难去了大西南,后在重庆中央大学外文系毕业,曾在重庆的南开中学、杭州的浙大附中、厦门的双十中学任英语教师。新中国成立后,她先后担任上海音乐出版社、上海文艺出版社、上海译文出版社编辑。退休后,专门从事她父亲遗著的编选和研究,为上海市文史研究馆馆员。她是《丰子恺文集》编选者之一,并与妹妹丰一吟合编《丰子恺漫画全集》《爸爸的画》,与儿子杨子耘合编《丰子恺自传》等。她还翻译、编辑出版过不少外国文艺作品。

爱美的林先

林先是丰子恺的二女儿。她在故乡石门湾出世的时候,丰子恺正游学日本。徐力民连生两个女儿,而全家最盼望下一个是男孩,所以外公为她取名字时,借用诗经《周南·麟之趾》中"麟之趾,振振公子"句之意,取名麟先,意为她是男儿的先行,希望在她之后是一个男孩。可惜，麟先并未尽到先行之职，她后面又是一个女孩（名三宝，四岁时夭折），直到第四胎才是男孩。麟先上小学的时候，悄悄把名字改成林先，后来又改名宛音，是为了纪念把她从小带大的祖母，寓意祖母音容宛在。

　　林先比阿宝小一岁，她的童年是在故乡度过的。她与姐姐阿宝最要好，两个小姑娘常常坐在一起玩开火车、办酒、请菩萨的游戏。林先爱静，小时候做完功课，总喜欢翻阅父亲的写生簿。1932年，丰子恺一家寓居嘉兴期间，一个夏天的晚上，林先坐在一张圆凳上聚精会神地翻阅父亲的一沓漫画原稿，这一姿势被父亲看见了，立即将她画了下来，就成了《漫画原稿》这幅作品。林先特别爱美，抗战时期，她随父母逃难到江西萍乡时，有一晚曾梦见回到了缘缘堂，堂内一切完好如初，包括她最爱的骆驼绒袍子，醒来方知是梦。现实却是缘缘堂已被毁，自己穿的衣服已破旧不堪。她伤心地对父亲说了自己的梦。丰子恺听了更伤感，仿女儿口吻写了一首诗《避寇萍乡代女儿作》。

　　林先喜爱文科，早在中学读书时就曾在全校作文竞赛中获得第一名。后来做了中学语文老师，最后在上海行知艺术师范学校退休。晚年在《新民晚报》上发表过不少小品文，著有《世上如侬有几人——丰子恺逸事》，文风深得父亲丰子恺的真传。

软软宁馨

　　宁馨，亦名宁欣，是丰子恺三姐丰满的女儿。因她自幼随母亲一直住在舅舅丰子恺家里，被丰子恺夫妇视作自己的女儿。软软和其他的兄弟姐妹一样也常常出现在丰子恺笔下，如漫画《软软新娘子，瞻瞻新官人，宝姐姐做媒人》，小小新娘活灵活现。还有一幅《注意力集中》画的就是软软四岁时的样子，软软小时候喜欢模仿丰子恺绘画，用笔在纸上画画，很投入，竟然没觉察到丰子恺在画她呢。

抗战时，软软进了浙江大学理学院数学系。抗战胜利后，受聘于杭州的浙大附中。新中国成立后，调至杭州大学数学系，后来成为副教授。她在杭州工作后，母亲丰满也随女儿住在杭州，丰子恺很是牵挂她们母女。"文化大革命"后期，他曾到杭州看望她们母女。

爱想象的瞻瞻

丰子恺有一幅著名漫画《瞻瞻的脚踏车》，画中的男孩子就是丰子恺的长子丰华瞻。丰华瞻才两岁的时候，他看见大人骑脚踏车很好玩，就拿两把蒲扇，一前一后作轮子，自己跨在当中学骑车的样子。丰子恺看到了，就创作了这幅画。不但如此，华瞻还用藤坐车模仿黄包车。他趁爸爸不在时，爬上椅子，抓起爸爸的毛笔在桌上乱涂，仿效爸爸写字作画。这些富于童趣的举动，都被丰子恺当作画画的题材。《华瞻的日记》，也是丰子恺模仿他的口气写的。

抗战时期，他随父母逃难。1945年毕业于重庆中央大学外文系，后去美国留学，回国后从事外文教学工作，为复旦大学外文系教授。丰华瞻从小受到父亲的艺术熏陶，跟文学艺术结下了缘分。他在英文和比较文学专业方面有较深造诣，曾出版著作、译作等十多部。

与音乐有缘的元草

元草是丰子恺的次子。他的童年也是在故乡石门湾度过的。丰家子女多，元草和一吟小时候由保姆李妈照顾。丰子恺有一幅画《眠儿歌》，画的就是李妈哄元草睡觉时的情景。元草小时候，因为战乱等原因，生活颠沛流离，曾随父母辗转于杭州、重庆、北平等地读书。新中国成立后，参加中国人民解放军，后成为抗美援朝的志愿军。他从小受丰子恺的音乐熏陶，在部队时进了文工队。1954年从部队复员后回北京，在人民音乐出版社工作，一干就是四十年。

喜绘画的一吟

丰一吟是丰子恺的幼女。抗战期间随父母逃难时，她还是个小学生。逃难途中，她进入贵州遵义豫章中学读书，后入重庆国立艺专应用美术系学习，1948年毕业。1949年后，她随父母在上海定居，曾在中小学校担任图画老师。1951年开始学俄语，与父亲一道从事俄文翻译。1961年进上海编译所，1972年成为出版社编辑，后调至上海社科院文学研究所外国文学研究室工作，直至退休。

丰一吟十二岁时，丰子恺为她画过一幅画，并题上陶渊明的诗句："盛年不重来，一日难再晨。及时当勉励，岁月不待人。"

鼓励女儿努力上进。当时，丰子恺在迁至贵州遵义的浙江大学任教，丰一吟在读中学，课余，丰子恺就教她写字画画。一日，丰一吟很认真地在练习画画，父亲悄悄为她画下一张速写，后又画到宣纸上并着色。画面上，丰一吟穿着绿色童子军服装，围蓝色领带，很是可爱。还有如《手倦抛书午梦长》《蔷薇之刺》等画作，也都是以丰一吟为模特儿。丰子恺的《标题音乐》一文也是写儿时的丰一吟。

丰一吟待在父亲身边的时间最长，深受父亲的艺术熏陶。丰子恺对这个小女儿也特别赞赏，曾有《寄一吟》诗赞曰："最小偏怜胜谢娘，丹青歌舞学成双。手描金碧和渲淡，心在西皮合二黄。刻意学成梅博士，投胎愿作马连良。藤床笑倚初开口，不是苏三即四郎。"

丰一吟也不负父望，她继承了父亲的书画艺术传统，还在外文翻译、文学写作等方面取得了不小成就，有数百万字的著译作品问世。丰子恺去世后，丰一吟致力于缘缘堂的重建和对丰子恺生平艺术的研究，撰写出版了《潇洒风神——我的父亲丰子恺》《爸爸丰子恺》《天于我，相当厚：丰子恺女儿的自述》等大量研究著作。她的丰派画作也广受青睐，被称为丰画的嫡系传人。

"未来的国民"新枚

丰新枚是丰子恺的幼子，小名"恩狗"，因出生在抗战时期，故丰子恺戏称其为"抗战儿子"。当时，丰子恺带着全家人逃难，丰新枚是在桂林时生下的。丰子恺作诗云："大树被斩伐，生机并不绝。春来怒抽条,气象何蓬勃。"他认为这孩子是抗战中所生,犹如大树被斩伐后所抽出的新枝条,所以为孩子取名为"新枚",且预言将来"一定是个好国民"。新枚的出生,给丰子恺的绘画增添了许多有趣的题材。新枚一岁半时,丰子恺为他画了一幅题为《自立》的画,后又创作了一组《恩狗的画》,画的都是新枚小时候的趣事。

抗战胜利后,新枚随父母回到上海,在上海读完小学、中学,后考入天津大学。毕业后至上海科技大学外语进修部进修。进修毕业后原定分配在上海,但因"文化大革命"开始,父亲被批斗而受牵连,结果被分配至石家庄华北制药厂当工人。但他发奋攻读,又考取了北京中国科技情报研究所的研究生。他先后取得了工学学士、英文学士、理学硕士三个学位。后在香港一家专利公司工作,退休后回上海。

除了丰子恺的儿女,后来他的孙儿辈,也都成为他笔下的模特儿。丰子恺是一个真正的儿童崇拜者和书写者。

三

丰子恺晚年创作了一批乡情散文,写到了许多家乡人物,其中有少年玩伴王囡囡、乐生等,也有小和尚菊林、小学同级生等,都很有个性。

王囡囡

鲁迅笔下有一个少年玩伴闰土,令人印象深刻。而在丰子恺笔下也有一个闰土式的少年伙伴王囡囡。丰子恺有两篇文章中都写到过这个儿时伙伴,一篇是《忆儿时》,另一篇是《王囡囡》。王囡囡是丰子恺家隔壁开豆腐店的王家的孩子。丰王两家是邻居,大人互相来往,小孩也就成了伙伴。王囡囡比丰子恺大一两岁,小时候常在一起玩。王囡囡很会玩,丰子恺从他那里学到如钓鱼、摆擂台、放纸鸢和爬树等很多玩意。

石门湾西郊原来有一座坟墓,人称朱家坟。坟前有棵香樟树,历史久远,树干很粗,树枝向四周伸张,遮天蔽日,好似一把大凉伞,所以人们又将那坟称作凉伞坟。丰子恺小时候常常和王囡囡等小伙伴去凉伞坟爬树。王囡囡是爬树高手,能爬到很高处。丰子恺从王囡囡那里学到一点爬树的技巧。王囡囡很会钓鱼,丰子恺也从他那里学会钓鱼。王囡囡胆子很大,常常在木场桥的桥堍石上表演金鸡独立,丰子恺总因胆小而不敢尝试。那时的王囡囡是丰子恺心目中的小英雄。

童年最难忘,故乡最难忘,但随着时间的推移,童年与故乡,往往是回不去的从前。丰子恺和王囡囡也一样,长大后他们见面的机会很少,便渐渐疏远。抗战全面爆发前一两年,丰子恺回到故乡。有一次,王囡囡到他家来,以前王囡囡一直叫他"慈弟",而这时却客气地叫他"子恺先生"。抗战胜利后,丰子恺回乡时也没有见到王囡囡。当时王囡囡知道丰子恺回乡的消息迟了,等他去找丰子恺的时候,丰子恺已经离开故乡了,就这样错过了。然而，丰子恺对这个儿时的玩伴始终念念不忘，他每次读到鲁迅《故乡》中的闰土，便想起王囡囡。

堂兄乐生

丰子恺的《梦痕》和《乐生》两篇文章，是专门写儿时伙伴乐生的。乐生是丰子恺的远房堂兄，他叫乐生"五哥哥"。乐生的父亲叫丰亚卿，丰子恺叫他亚卿三大伯或麻子三大伯。亚卿在丰家染坊店里管账，乐生就在店里当学徒。丰子恺便与他常在一起玩。乐生的玩法很异想天开，与众不同，还带些恶毒性，但实际上并不怎么危害人，丰子恺对他还有些向往。比如乐生看到一条百脚，捉了剪去两个钳子，藏在衣袖里，突然之间丢到别人身上，吓人一大跳。他还把百脚钉住头和尾，做成弓弦，称百脚弓。乐生另一个恶作剧更甚，他常常乘人不备，把剪碎的头发屑撒在别人后颈里，让人痒不可挡，以为是长虱子了。他还有许多别的招数，可谓花样百出。

这样一个顽皮过度的孩子，与儿时的丰子恺关系却极好。可以说，乐生是丰子恺儿时最亲爱的伙伴。乐生年龄比他大，长得也高，胆量更大，常常做出使他惊奇又神往的种种事情。比如暮春的时候，乐生领他到田野里去偷新蚕豆，嫩的吃，老的做"蚕豆水龙"，水可以射出很远。乐生教他做"豆梗笛"，吹出音调来，还教他做蜡烛，教他用芋艿或番薯刻种种印板。有一次，丰子恺拿出做包子的米粉与乐生一起玩，乐生寻出印子来教他印米粉菩萨。后来两人争执起来，丰子恺跌了一跤，额角磕了一个大洞。

自跌伤后,乐生天天去陪丰子恺,把许多好玩的宝贝送给他玩。长大以后,丰子恺每每回想起往事来,还是有很美好的感觉,那疤痕于他,一如回忆往事、追寻故乡的美丽的梦。

小和尚菊林

丰子恺在《菊林》一文中,写了一个叫菊林的小和尚。丰子恺还在读小学时,菊林是一个六岁的小和尚。菊林一出世就父母双亡,由哥嫂扶养。哥嫂因生活困难,把他卖到西竺庵当小和尚。丰子恺就读的溪西小学堂当时就办在西竺庵里,借庵里的祖师殿为校舍。学生们上学,走过山门,通过大殿,便与寺中的和尚们天天见面。西竺庵是子孙庙,老和尚收徒弟,先进山门为大。当时菊林虽然才六岁,却是先进山门,后来进寺的本诚比菊林大六七岁,却要叫菊林"师父"。菊林年幼,生活全靠他的徒弟照顾。"阿拉师父跌了一跤!"本诚把他抱起来。"阿拉师父撒尿出了!"本诚替他换裤子。"阿拉师父困着了!"本诚抱他到楼上去睡觉。西竺庵里的和尚爱吃肉,除了拜忏时吃素外,平时都吃荤。僧房的楼窗外挂着许多风干的肉。有一次,丰子恺看见老和尚在打菊林的屁股,为的是菊林偷肉吃。西竺庵里常拜忏,请当地信佛的太太们来参加,太太们都有送香金,和尚们的收入也可观,又请太太们吃丰盛的素斋。太太们吃好之后在碗底放几个铜钱,称洗碗钱。菊林在这天就很出风头,合掌向太太们拜揖,口里念着"阿弥陀佛"。他的面孔像皮球,声音喃喃的。太太们都怜爱他,给他糖果或铜板角子。菊林心地好,每次拜忏所得的收入,将铜板角子交给师父，将糖果分给他的徒弟们吃。

丰子恺当时也才十三四岁，但对菊林小和尚印象很深。抗战胜利后，丰子恺回到石门湾，凭吊劫后的故乡，看见西竺庵的一部分还在，屋宇尘封已久，庵中的和尚早已四散，自然也不知菊林的下落了。他惆怅地往内一望，在廊柱石凳之间，依稀又看见六岁的菊林在向自己合掌行礼。

小学同学沈元

丰子恺在《小学同级生》一文中写到他在石门湾读小学时的几个同学。当时，丰子恺就读的溪西小学堂，后来改名为崇德县立第三高等小学校，丰子恺是该校的第一级学生。第一级只有七个学生，除了丰子恺，其余六人都早亡，其中一人病故，五人横死。病故的叫沈元，小学毕业时，丰子恺考第一，沈元考第二，他们两人一同考入浙一师学习。从浙一师毕业后，丰子恺到上海办学，到东京游学。沈元则回故乡当老师，后来任小学校长。抗日战争时期，石门湾沦陷，丰子恺逃难他乡，沈元则留在故乡。后来，沈元家的房屋被烧毁了，学校也停办了，他便避难乡下，忧郁成病。当时，他得了伤寒病，乡下没有医药，听其自死。多年后，丰子恺回想起石门湾沦陷前，他率一家人坐船，到杭州避难，经过五河泾时，还远远望见沈元在路旁的一家茶店里吃茶，彼此打了一个招呼，便是永别。

四

丰子恺《缘缘堂续笔》中,还写到许多很有个性的邻里乡亲,如五爹爹、阿庆、癞六伯、四轩柱、歪鲈婆阿三等。

五爹爹

丰子恺的《五爹爹》一文,回忆的是他的一位远房叔父丰云滨,丰子恺叫他五爹爹。五爹爹与丰子恺家同住在老屋里,丰子恺小时候与五爹爹很亲近。五爹爹子女多,但因无力抚养,多数送给别人,家中只留下二男二女。五爹爹终身失意,但达观长寿。他从十来岁开始参加科考,一直未中,后来终于考中秀才,但再没有去参加大考,便在家设塾授徒,人称"五相公"。但授徒收入毕竟有限,常借钱度日,生活清苦。后来地方上照顾他,给他在接待寺楼上办了一个初等小学。丰子恺寓居杭州时,五爹爹每逢寒暑假就到杭州做客,住一两个月,丰子恺很欢迎他去。

五爹爹的几个儿女的人生道路也都不顺。长子生意没做成,在家靠父亲啃老。长女嫁给了附近的富绅,但遇人不淑,打官司,闹离婚,最后也跟着父亲吃老米饭。次子由丰子恺带到上海读艺术师范,毕业后到宁波当教师,收入大半寄回家,可不到一年就生病死了。次女在本地当小学老师,也不到一年就病死了。丰子恺非常同情五爹爹的遭遇,感叹天道无知。五爹爹晚年,丰子恺对他接济很多。五爹爹为人达观,竟得长寿,享年八十六。

拉胡琴的阿庆

阿庆姓姚,是旧时石门镇上的一个"柴主人",也就是帮助镇上居民从农民那里买柴的介绍人。阿庆家贫,靠做柴主人收取一点介绍费来维持生活。他是个单身汉,家住大井头15号,跟丰子恺家老屋惇德堂同在一条街上。因是近邻,相互比较熟悉。阿庆不吸烟、不喝酒,就喜欢拉胡琴。上午,他扛一杆大秤,忙着帮人家买柴,也经常帮丰家买柴。下午闲下来,就在家里以拉胡琴自娱。阿庆很聪明,虽然识字不多,也不识谱,但他有音乐天赋,一般的曲子,听了几遍就能用胡琴拉出来。他拉胡琴,手法纯熟,各种京戏都会拉。丰子恺自幼喜欢音乐,小时候常去听阿庆拉琴。他在《阿庆》一文中写道:"夏天晚上,许多人坐在河沿上乘凉。皓月当空,万籁无声。阿庆就在此时大显身手。琴声宛转悠扬,引人入胜。浔阳江头的琵琶,恐怕不及阿庆的胡琴。"

丰子恺十分敬佩阿庆胡琴拉得好,他也曾向阿庆学拉胡琴。他请阿庆教他拉民间流传较广的《梅花三弄》,但阿庆只会拉,不懂曲谱,学起来比较困难。后来,丰子恺又跟一个既会拉又懂曲谱的裁缝师傅大汉学习胡琴,这才慢慢入了门。丰子恺在杭州读书时学会了弹风琴、钢琴,在留学日本时又学习拉小提琴,而对拉胡琴,他始终兴趣不减。他在音乐方面的造诣很高,这与少年时阿庆对他的音乐启蒙也不无关系。

爱喝酒的癞六伯

癞六伯是离石门湾五六里的六塔村里的一个农民。癞六伯五十多岁,身材瘦小,头上有许多癞疮疤,因此人们都叫他癞六伯,他的姓名反而没人知道了。

癞六伯孑然一身,自耕自乐。每天早上挽了一个篮子上街,走到木场桥边,先到丰家,给丰子恺的母亲带几个新鲜的鸡蛋或几支刚掘的笋,得了几个钱,道谢而去,再到街上卖东西。九点多,他就坐在丰家对河酒店门前饭桌上吃酒了。他在凉棚下吃时酒,喝过一两个钟头,便有点醉了。他付了酒钱,提着篮子回家。此时,他头上的癞疮疤变得通红,走路摇摇晃晃,走到木场桥上,便开始骂人了。他站在桥顶上,指手画脚地骂:"皇帝万万岁,小人日日醉!""你老子不怕!""你算有钱?千年田地八百主!""你老子一条裤子一根绳,皇帝看见让三分!"反复骂上十来分钟。旁人已看惯,不当一回事。癞六伯骂人,似乎变成一种自然现象,又好像是闹钟,每天十点钟光景,就准时响起。丰子恺母亲听见了就对家里的陈妈妈说:"好烧饭了,癞六伯骂过了。"

有一次,丰子恺到南圣浜亲戚家做客。下午出去散步,走过一座小桥,一条狗声势汹汹地冲过来。随后,有一个人从屋后出来,赶走了那条狗。丰子恺一看,正是癞六伯。原来这里便是六塔村,癞六伯的家。癞六伯请丰子恺进屋坐坐。丰子恺走进去一看,环堵萧然,除了一床、一桌、两条板凳、一只行灶之外,别无长物。癞六伯从搁板上的罐头里摸出一把花生来请丰子恺吃,并说:"乡下地方没有好东西,这花生是自己种的,燥倒还燥。"屋内唯一的亮点就是墙上的几张花纸,是新年画。癞六伯开了后门让丰子恺欣赏他的竹园,竹园里,有一群鸡,还种些蔬菜。丰子恺告别时，癞六伯又抓一把花生塞在他的口袋里，并送他过桥，喊走那条狗。目送着丰子恺走远，嘴里还在喊："小阿官，明天再来玩啊！"

这就是喝酒骂人的癞六伯。在丰子恺的笔下，更多的是对他的同情与怜悯。

各有特点的"四轩柱"

丰子恺在《四轩柱》一文中写到石门镇上有名的四个老太婆，人称"四轩柱"。这"四轩柱"，其实是丰家左右邻居中的四个妇女。轩者，古车也。四轩柱，也就是四根车柱子。丰子恺这样称她们，无非是说明其在镇上的重要性。

以丰子恺家为中心，左面两个"轩柱"，就是莫五娘娘和定四娘娘。右面也两个"轩柱"，就是两个三娘娘。

第一根"轩柱"是住凉棚底下的莫五娘娘。她的丈夫莫九斤开纸马店，在兄弟中排行第五，其妻名莫五娘娘即由此而来。莫五娘娘养了三个儿子。小儿子有点憨头憨脑，人称木铳阿三。莫五娘娘相信"棍棒底下出孝子"，她教育阿三就成了街坊里三天两头要上演的好戏。一年夏天，木铳阿三偷了家里的一件东西，莫五娘娘动家法了。她拿起木棍就打，木铳阿三虽然憨头憨脑，但对付莫五娘娘还是挺有办法的。他以捉迷藏的方法跟莫五娘娘周旋。莫五娘娘身躯肥大，加上三寸金莲行走不便，哪里追得上躲来藏去的木铳阿三，只得坐在地上大哭。他们一个逃一个追，像玩把戏。有意思的是，他们这样的戏法，每个月总要表演一两次。

有一次，木铳阿三逃到河边，正巧碰到小伙伴王囡囡。他躲到王囡囡身后，莫五娘娘打他，不料竟打在王囡囡的身上。王囡囡大哭起来，其祖母定四娘娘就出来为孙子出气，河边更是热闹了。

　　第二根"轩柱"就是定四娘娘，她的丈夫名王殿英，家中排行第四，人们习惯称其妻为殿英四娘娘，方言里"殿"跟"定"同音，人们贪省力，把"英"去了，叫成了定四娘娘。定四娘娘就是王囡囡的祖母。定四娘娘家开豆腐店，生意好，全靠她的嘴巧。她很会推销产品。门前河边开来的载客航船，就停在她家门口。航船一到，定四娘娘便笑脸相迎，把豆腐干、千张等塞到熟客的篮子里。王家因与丰家是邻居，她也三天两头来丰家串门，聊天讲新闻，也把刚做的豆腐干拿给丰子恺的母亲。她就像《红楼梦》中凤姐一样的人物。

　　第三根"轩柱"就是盆子三娘娘。她是包酒馆里永林阿四的祖母。阿四的祖父已死，因为他性子很坦，像盆子一样，人称盆子三阿爹。于是他的妻子就叫盆子三娘娘。其实盆子三娘娘性子并不坦，且很健谈，消息灵通。她出门，看见一个人，只要是认识的人就会闲聊半天。她到街上买东西，不到一两百步路，她来回要走两三个钟头。她在后河一带确实是一个有名人物。

　　第四根"轩柱"就是何三娘娘，她的丈夫叫何老三。何三娘娘生得短小精悍，喉咙又尖又响，骂起人来像只怪鸟叫。她养了几只鸡，放在门口街路上，有时鸡蛋被人家拾了去，她就要骂半天。何三娘娘的骂人远近闻名。

　　有了这四个"轩柱"，后河边就热闹万分，每天演绎着各色精

第六章 ● 笔下的故乡风情

丰子恺漫画《三娘娘》

彩片段，丰子恺的笔，把这精彩的一幕幕都记录了下来。

歪鲈婆阿三

丰子恺在《歪鲈婆阿三》一文中，写了一个不知何许人，亦不详其姓氏的人物，他是丰子恺家贴邻王囡囡豆腐店里的司务歪鲈婆阿三。他每天穿着褴褛的衣服，坐在店门口包豆腐干。只因他的嘴巴像鲈鱼的嘴巴，又有些歪，因此有了歪鲈婆阿三这个称号，人们简称他为"阿三"。

阿三独身，一人吃饱，全家不饿。一次，他出一角钱买了一条彩票，竟中了头彩，立刻到手了五百块大洋（那时米价每担二元半，五百元等于二百担米），变成了一个富翁。歪鲈婆阿三没有家，此时立刻有人来要他去"招亲"了，这便是镇上有名的私娼俞秀英。俞秀英二十余岁，一张鹅蛋脸生得白嫩，常常站在门口卖俏，勾引那些游蜂浪蝶。她所接待的客人全都是有钱的公子哥儿，豆腐司务原是轮不到的，但此时阿三忽然被看中了。俞秀英立刻在她家里雇了四个裁缝司务，来替阿三做花缎袍子和马褂，限定年初一要穿。四个裁缝司务日夜赶工，工钱加倍。到了年初一，歪鲈婆阿三穿了一身花缎皮袍皮褂，卷起了衣袖，在街上东来西去，大吃大喝，滥赌滥用。几个穷汉追随他，问他要钱，他一摸总是两三块银洋。有的人称他"三兄""三先生""三相公"，他的赏赐更丰。

看他这个样子，丰母对豆腐店的主妇定四娘娘说："把阿三脱下来的旧衣裳保存好，过几天他还是要穿的。"果然，到了正月底边,歪鲈婆阿三又穿着原来的旧衣裳,坐在店门口包豆腐干了,只留一个崭新的皮帽子还戴在头上。邻居钟老七衔着一支旱烟筒,笑着对阿三说:"五百只大洋!正好开爿小店,讨个老婆,成家立业。现在哪里去了?这真叫作没淘剩!"阿三管自包豆腐干,如同没听见一样。

文末,丰子恺写道:"这个人真明达!货悖而入者,亦悖而出;来路不明,去路不白。他深深地懂得这个至理。……凡是不费劳力而得来的钱,一定不受用。"

人生最难忘的是童年与故乡,丰子恺笔下写到的这些人物,是普通人,也是社会众生相。他们的言行、他们的悲喜,总给人以诸多启迪。

故乡风俗

　　如果你细心留意，会发现在丰子恺的笔下，多次写到故乡的新年习俗、元宵灯会、清明上坟、养蚕习俗、端午书"王"、七夕乞巧、中元祭祖、中秋赏月、婚嫁归宁、烧香迎神、祝寿祭祀等种种旧时风俗，可以说，一年四季，花样百出，读这些篇章，如观赏一幅幅江南水乡的风俗画卷，令人百看不厌。

　　丰子恺生活在清末民初的江南水乡小镇上，他家也属于传统的书香门第，他儿时生活的环境，还保留着浓郁的传统民俗文化色彩。在这样的环境中成长，他看惯并经历了种种有趣味的乡土风俗，丰富并影响了他后来的艺术人生。在他的作品中，时时可以看到这些五花八门、精彩纷呈的乡间民俗。可以说，丰富多彩的民间风俗，是丰子恺艺术创作的源泉和活力。同时，因为他的精彩描写，这些民间习俗也被保留了下来。

第六章 · 笔下的故乡风情

过年习俗

旧时桐乡过新年的习俗繁多。丰子恺对童年时代经历的过年风俗印象很深,他在《新年怀旧》等许多文章中,曾多次写到故乡过年的习俗,新年的种种欢乐,也尽在其中。如打年糕、请年菩萨、吃年夜饭、吃接灶圆子,以及放谷花、吃谷花糖茶、吃烧卖等等。新年的游乐更多,他在《新年小感》一文中写道:"我儿时,新年是一年中最快乐的时期。快乐的原因,在于个个人闲,个个人新,个个人快乐。从元旦起,真好比天上换了一个新太阳,人间换了一种新的空气。……打年锣鼓、掷骰子、推牌九、踢毽子、放爆竹、捉迷藏……这样的狂欢,一直延续半个月。"在少年丰子恺的眼里,过新年真好比是"戏剧性狂欢"。

桐乡民间一直流传着吃年夜饭、守岁、分压岁钱等习俗。除夕夜,吃过年夜饭,长辈给小辈压岁钱。第二天就是大年初一,小孩子们就拿了压岁钱到街上去吃烧卖、买年画等。丰子恺的《昨夜新收压岁钱》,画出了两个小孩拿压岁钱买玩具的快乐情景。丰子恺曾给周作人的《儿童杂事诗·新年》配插图,上题:"小辫朝天红线扎,分明一只小荸荠。"漫画表现的就是旧时新年拜岁的风俗。

石门镇上旧时过年还有敲年锣鼓的特殊风俗,大年初一下午,镇上各街坊的年锣鼓就敲起来,大街小巷,遥相呼应,非常热闹。丰家的锣鼓家什,是丰子恺喜欢行乐的祖母丰八娘娘置备的。年锣鼓平时收藏着,过年时才拿出来,由丰同裕染坊店里的学徒演奏。"锣鼓响,脚底痒。"人们纷纷走出去看热闹。丰子恺所作的漫画《锣鼓响》,正是新年里这一习俗的形象写照。

还有就是新年写门联、贴门联。"千门万户曈曈日,总把新桃换旧符。"丰子恺的父亲在世时,门联都是他父亲写的。后来,则由丰子恺写了贴到门上。丰子恺一家逃难到了他乡时,只要条件许可,他还是习惯性地写好门联,贴到门上。如1939年2月18日(旧历除夕夜),丰子恺为房东娘娘家写了门联,内容是"天下兴亡,匹夫有责。抗战必胜,妇孺皆知"。这副对联具有抗战救国的时代性。这一年,他们在桂林过新年,权将他乡作故乡。与邻里人家一起打年糕、烧家乡菜,就像在家乡一样吃年夜饭,苦中作乐。丰子恺高兴地喝了许多酒,可一想到战乱之下,百姓流离失所,不禁又感慨系之。

在丰子恺的家乡,年初四都有接财神的习俗。此夜,家家户户接财神,为新年狂欢中又一个高潮。丰子恺他们逃难到桂林时,当地并无此习俗,当夜家家早睡,黄昏庭院寂寂,不禁涌起浓郁的思乡之情。

元宵灯会

桐乡元宵节有张灯、迎灯、吃汤圆、走桥等风俗。丰子恺为《儿童杂事诗·上元》配的插图,上题"买得鸡灯无用处,厨房去看煮元宵",表现的正是旧时元宵节的习俗。在元宵迎灯活动中,各家都拿出最精美的灯来参赛,丰子恺家的叫"凉伞灯",形似伞,又称"彩伞",是光绪年间丰子恺的父亲和姑母合作所制,综合了绘画、书法、剪纸、刺绣等多种艺术,有很高的工艺水平,

第六章 ● 笔下的故乡风情

丰子恺漫画《爆竹一声除旧》

当时曾被推举为全石门镇最精致而高级的彩灯。丰子恺在《视觉的粮食》等文章中写到过这一传统艺术。这顶彩伞,对他后来从事艺术也有影响。他曾回忆,自己走上美术的道路,与年幼时深受各种民间美术的熏陶和诱导分不开,如年画、玩具、吹大糖担、龙灯、彩伞等,从而萌发了浓厚的兴味。

春日放风筝

桐乡自古以来就有放风筝的习俗。民间有歌谣唱道:"正月踢毽子,二月放鹞子,三月清明做团子,四月养蚕采茧子……"其中,"放鹞子"就是放风筝。丰子恺小时候很喜欢放风筝,放风筝的技巧就是邻家小伙伴王囡囡教给他的。他在《王囡囡》一文中回忆,他从王囡囡那里学得种种技艺,第一是钓鱼,其次是摆擂台,再次是放风筝。但王囡囡只会放风筝,不会扎风筝,每次都是让丰子恺帮忙扎风筝。扎好风筝,小伙伴们就一起到镇郊姚家坟去放风筝。放风筝的童心,在丰子恺心里一直没有泯灭。抗战时,他家逃难到桂林,逢春日晴好天气,他也会带着孩子们去野外放风筝,重温儿时的欢乐。丰子恺的漫画中,也多次画到放风筝。如他为《儿童杂事诗·风筝》所作的配图,上题:"鲇鱼飘荡日当中,蝴蝶翻飞上碧空。"

春来挑荠菜

丰子恺有一幅画《挑荠菜》,画了三个小姑娘,每人带一只小竹篮在田野里挑荠菜。此画是模仿日本画家蕗谷虹儿的风格。荠菜，一种野菜，桐乡有戴荠菜花和用野菜花驱蚊的习俗。每到春季，江南村野遍地都是荠菜，人们常常挑来炒了食用，或拌了肉末做春卷或馄饨馅料，味道尤其鲜美。

清明上坟

清明大似年。在清明前后几天，桐乡人纷纷上坟祭祖，丰子恺家的祖坟在离石门湾五六里远的乡间。他在《清明》一文中写道："清明三天，我们每天都去上坟。第一天，寒食，下午上'杨庄坟'……正清明那天，上'大家坟'……第三天上私房坟。""在我幼时，清明扫墓是一件无上的乐事。人们借佛游春，我们是'借墓游春'。"年幼的丰子恺曾随大人们去扫墓，一路上采桃花、采新蚕豆，用蚕豆梗做笛子吹。他有一幅题为"一陌纸钱三滴酒，几家坟上子孙来"的画，画的就是清明上坟的习俗。

养蚕做丝

桐乡地处杭嘉湖平原腹地，为全国知名的蚕桑丝绸之乡，旧时农村，家家户户栽桑、养蚕，蚕丝业历史源远流长。丰子恺家也养过蚕，他在《忆儿时》一文中写的儿时不能忘却的三件事，第一件便是祖母养蚕的往事。幼年时，每逢家里养蚕，他便跟着蒋五伯去采桑叶、摘桑果吃。蒋五伯在地铺里喂蚕饲叶，他在跳板上走着玩，乐此不疲。乡俗云："上半年靠蚕，下半年靠田。"养蚕实际是很辛苦的，蚕茧丰收了也不一定卖得出好价钱。古诗云"遍身罗绮者，不是养蚕人"，确实如此。丰子恺的漫画描绘了养蚕人半夜举灯侍蚕的辛苦,如《明年春游的服装于蚕匾中窥见》《三眠》等,常常是半夜"起视蚕稠怕叶稀"。桐乡很早就有缫丝的传统,丰子恺很同情蚕宝宝,在漫画中把缫丝称作"残酷的炮烙"。

立夏称人

丰子恺曾给《儿童杂事诗·立夏》配插图,上题"却喜今年重几斤",漫画表现的是故乡立夏称人的旧俗。桐乡不但立夏日称人,在正月初七"人日"这天也有称人习俗。丰家在称人时,还要用红纸写好每个人的名字和称得的分量,贴在橱门后面,待下一年再称时做比较,看重了几斤。这种习俗一直得以延续。1939年,丰子恺带领一家老小逃难到大西南,在桂林泮塘岭谢四嫂家过春节。他在那一年2月25日的《教师日记》中写道:"今日正月初七,人日也。照故乡例须称人。四嫂有大秤,遂借用之。吾得九十九斤,比抗战前轻一斤,乃南方冬暖,衣服少穿之故。若论净重,超过抗战前当不止五斤也。"避难不忘乡俗,恋乡之情可见一斑。

端午书"王"

旧时,桐乡人过端午节是很隆重的。丰子恺的漫画《老虎头》,画的就是农历五月初五端午节(亦称端阳节)用雄黄酒在小孩额头上书"王"字的风俗。这一天,人们会用雄黄酒喷洒宅内,用手蘸些雄黄酒,在每扇门和孩子的额上写"王"字。据说,这样可以驱除毒虫和毒气。丰子恺在《端阳忆旧》一文中写道："我写民间生活的漫画中，门上往往有一个王字……这门上的王字原是端午日正午用雄黄酒写上的。我幼时看见我乡家家户户如此，所以我画如此。"这是江南水乡特有的风俗。除此以外，还有吃粽子、插艾蒲、佩虎饰、打蚊烟等风俗。丰子恺给《儿童杂事诗·蚊烟》配的插图，上题"打蚊烟"，表现的正是旧时故乡的端午旧俗。端午节的饮食也讲究，除菜肴比平常丰盛外，还要食"五黄"——黄鱼、黄鳝、黄瓜、咸鸭蛋黄、雄黄酒。

七夕乞巧

丰子恺的漫画《笑问牵牛与织女》，画的是一个小孩在听大人讲牛郎与织女相会的故事。旧时桐乡民间过"七巧节"，有拜双星、吃巧果、汰巧头、赛巧等习俗。其中，"赛巧"就是在农历七月初七晚上，女孩们手持针线，聚于庭院，向织女星祈祷，并比赛穿针引线，谁穿得快，谁就得巧。丰子恺在《牛女》一文中写道："我小时候，吾乡还盛行此风俗。我家姊妹多，祭双星时，大家在眉月光中穿针，穿进者为乞得巧。我这男孩也来效颦，天孙总是不肯给巧。这些虽是迷信的玩意，回想起来甚有趣味。"

中元祭祖

丰子恺给《儿童杂事诗·中元》配插图《鬼节》，画了中元节挂荷叶灯、莲花灯的风俗。中元节在桐乡也称过七月半，有些地方还有吃馄饨的习俗。

中秋赏月

中秋节是中国的传统节日，各地风俗大同小异，有吃月饼、赏月等。丰子恺说到中秋赏月的乡风，记忆特别亲切。他在《忆儿时》一文中写道：回忆儿时有三件不能忘却的事，其中第二件是父亲的中秋赏月。当时，每逢中秋之夜，丰家总要将桌子搬到室外的空白场上，在月光下，一家人围成一桌，吃中秋团圆饭。丰子恺的父亲喜欢吃蟹，家里养了许多蟹，而中秋这天，全家人都有蟹吃。吃过饭后，大家边吃月饼边赏月。丰子恺曾画《中秋》的漫画，表现一家三代人赏月之乐。

婚嫁习俗

桐乡的婚嫁习俗，与江浙其他地方也大同小异。丰子恺有一幅漫画叫《软软新娘子，瞻瞻新官人，宝姐姐做媒人》，也是故乡婚嫁习俗的一个折射。画面上三个小孩的游戏，自然是一种简单的模仿，他们常常跟着大人们去亲戚家吃喜酒、看结婚仪式，回家就模仿着玩过家家的游戏。还有一幅题为《归宁》的漫画，表现的是出嫁的女子回娘家向父母问安的风俗。

迎神赛会

石门湾南市梢南高桥东堍，原有一座寺庙，名元帅庙。每年农历五月十四这天，镇上总要举行元帅庙会，街坊上的人，将庙中的元帅塑像抬到街上巡游一周，收捉瘟鬼，以保平安。丰子恺小时候看到过迎元帅庙会，他所作的漫画《买得纸鸡吹嘟嘟》，画

第六章 ● 笔下的故乡风情

丰子恺漫画《归宁》

的正是迎神赛会时，孩子们买得玩具后的欢乐情景。他也曾在《元帅菩萨》一文中写过旧时民间风俗。当然，这些风俗中有些也不乏迷信色彩。

乡间社戏

所谓社戏，就是祭社时演出的戏，目的是为了酬神祈福，庆祝丰收。后来人们把祭神的戏，农村中迎神赛会时所演的戏，都统称为社戏。丰子恺曾为鲁迅小说《社戏》画过一幅插图。鲁迅小时候看过绍兴一带的社戏，跟丰子恺故里桐乡一带的社戏大同小异。丰子恺去南圣浜的妹妹雪雪家做客，也看过社戏。他在《谈梅兰芳》一文中提道："有一次，我到乡下亲戚家作客，适值村上要做夜戏，戏台已经搭好，班子船已停在河埠上。亲戚家就留我过夜，看了戏才去。"旧时水乡村镇没有戏院或剧场，只能在寺庙、村野或河边空地上搭一座临时戏台，邀请外地的戏班子来演出。寺中搭台称"庙台戏"，村野搭台称"草台戏"，河边搭台称"水台戏"。鲁迅看的是"水台戏"，丰子恺看的是"庙台戏"。桐乡是蚕乡，南圣浜萧王庙的庙台戏，一般在清明前后春蚕饲养之前开演，为了祭祀蚕神，预祝蚕花丰收，故又称"蚕花戏"。

送考习俗

旧时的江南，送考、中举等各种图吉利的民间生活习俗也很有代表性。如丰子恺的父亲中了举人后，全家乃至整个石门湾都沉浸在喜庆的欢乐中。丰子恺在《中举人》等文章中描写过相关的礼仪，如他的父亲穿戴整齐拜北阙的仪式，跑马桌请客的风俗，还有在祖坟立旗杆的旧俗等，都在他笔下活灵活现地记录了下来。还有，丰子恺小学毕业，决定去杭州投考，动身的那天早晨，母亲给他吃了糕和粽子，暗示"高中"的意思，这种风俗传承已久。从前丰子恺的父亲去考乡试时，祖母也是给父亲吃这两种点心。

"打送"习俗

在《梦痕》一文中，丰子恺写到了一种旧时故乡待新客的"打送"习俗。亲戚家的小孩子第一次上门来做新客，辞去时，主人家要做几盘包子送他，名曰"打送"，这包子就称"打送包子"。丰子恺深情地回忆他儿时，家里要"打送"小客人时，母亲、姑母、诸姐们围在一个大匾周围，一起做米粉包子的欢乐情景。那时他才四五岁，只会在边上玩米粉团子，一边玩一边吃，还因为与五哥哥抢夺米粉菩萨，摔了一跤，额头上磕出一个大洞，因此留下了一个疤。丰子恺幽默地称之为"梦痕"，把它看成是"儿时欢乐的佐证"和"黄金时代的遗迹"，这样"凭这脸上的金印，还可回溯往昔，追寻故乡的美丽的梦"。

取名习俗

丰子恺有一篇《爱子之心》，专门记述故乡给孩子取名的一些习俗。当时人们往往给孩子取一些如"丫头""小狗"等比较低贱的名字，其用意都是出于爱子之心。主要是过去生活条件差，做长辈的都恐怕孩子养不大，因而给他们取一些比较贱的名字，宠爱孩子宁愿宠在心里，假装把他们当作贱的，就能健康长寿了。因此，小孩的名字看似这样随意叫叫，其实大有深意。

丰子恺还有一篇文章《取名》，记录了丰家的几个孩子由外公取名的趣事。比如：陈宝，典出《史记》；麟先，意思是男儿先行，为下一个儿子报信来的；华瞻，意即丰足；一宁，得一以宁。诸如此类，则又是另一番寓意。

童玩游戏

丰子恺笔下写到儿童玩的各种游戏，如《闲》一文中，写到故乡的儿童喜欢玩的三根草或石头剪子布的猜拳游戏，还有"呱呱啄蛀虫"的手指游戏，以及用石子"投七"的游戏。这些游戏，在过去的江南农村很是普遍，几乎每个小孩都会玩。

凡此种种习俗，都可以从丰子恺的漫画和随笔中找到印记。欣赏这些作品，犹如翻阅一幅幅风俗画卷，让人赏心悦目，尽情感受江南水乡精彩纷呈的生活习俗。这些风俗习惯，有的在丰子恺小的时候还很风行，但事过境迁，慢慢淡化甚至消失了；而有的则保留至今，依然传承。当然，在旧时的江南，还有一些迷信色彩较重的民间陋俗，如算命、关魂、烧香、求签等，他也曾以批判的笔调来写，如《瘟元帅庙》等。

丰子恺少小离家，外出读书、工作，抗战时又辗转各地，新中国成立后，一直居住在上海。但无论走到哪里，他始终乡音不改。在丰子恺家，一直保持着用石门方言交流的习惯。讲家乡话，是丰家的一个好传统。故乡的风俗习惯,乃至故乡的方言,都是他后来从事艺术创作的宝贵营养。丰子恺的漫画和随笔中那种浓郁的乡土味,俯拾即是,如《三娘娘》《锣鼓响》《张家长,李家短》《野外理发处》等,如此得心应手,惟妙惟肖,都得益于他熟悉民间民俗风情,信手拈来。

胡适说过,一切新文学的来源都在民间。确实如此。从江南小镇走出去的艺术家丰子恺,植根于民间民俗文化的土壤里,创作了大量的漫画和随笔。而反过来,这些漫画和随笔又为我们留下了无数脍炙人口、充满人情味的艺术精品,丰富和发展了江南民间民俗文化,其贡献何其大也。

第七章 留给故乡的印记

归故乡

最喜今朝风日好,故园又见谢家堂。

人生纵化流光逝,潇洒风神德艺长。

斯人已逝，精神长留。丰子恺先生早已作古，但他的艺术精神永在。他为后人留下了宝贵的文化遗产，包括他的随笔和漫画等作品，更包括他为人处世的态度、艺术思想等精神财富。他一生所倡导的艺术教育理念和创作实践，以及所取得的成果，都值得后人学习，值得大书特书。在丰子恺的家乡，以丰子恺命名的学校、场馆的建设，方兴未艾；对丰子恺的纪念、研究、宣传与弘扬等各类活动持续开展，影响深远。

魂归故里

1978年6月5日，丰子恺在去世三年后，终于得到了平反昭雪，恢复了名誉。他若泉下有知，一定会欣慰地端起酒杯，喝上几口家乡的美酒，并充满兴味地作文、画画。

1979年6月28日，丰子恺去世四年后，上海市文化局、市文学艺术界联合会、上海中国画院等单位联合，在龙华革命公墓举行丰子恺骨灰安放仪式，将骨灰安放在上海龙华烈士陵园革命干部骨灰室。

1985年9月15日，丰子恺去世十年后，在新加坡广洽法师的资助下，由桐乡县人民政府在原址上重建的丰子恺故居缘缘堂正式落成，对外开放。

1986年4月，丰子恺去世十一年后，丰子恺衣冠与妻子徐力民（于1983年在上海逝世）、胞姐丰满、胞妹雪雪及妹夫蒋茂春的骨灰，同葬于石门镇南圣浜雪雪之子蒋正东家的自留地上。

2005年，丰子恺去世三十年后，桐乡市政府开始筹建丰子恺墓园，地址就在石门镇西河山东浜头村。

2006年4月22日，丰子恺去世三十一年后，他的骨灰终于归葬故里。江南四月，杜鹃声声。丰子恺先生骨灰迁葬故里的仪式在丰子恺墓园隆重举行。在相隔了漫长的三十一年之后，艺术大师丰子恺魂归故里。

纵观丰子恺的一生：他自1898年出生在石门湾，青年时期就已离开家乡，游学在外；中年时遭逢国难，颠沛流离于西南各省；新中国成立后，一直定居上海，从事艺术创作和文学翻译工作，直到去世。其实，除了少年时代在故乡长大，他外出读书工作后，真正在故乡生活的时间也就只是缘缘堂时期的五年多。

即便如此，故乡始终在他的心中占有最重要的位置，是无可替代的。在他的漫画作品和文学作品中，有许多描绘家乡风土人情的内容。

1975年春，已病魔缠身的他，自知去日无多，毅然回乡探望，向生他养他的故土做最后的深情一瞥。他一生热爱家乡，回归故里，是他最大的愿望。

缘缘人生，叶落归根。如今，他终于归葬故里，得偿所愿。丰子恺的亲属数十人及桐乡、嘉兴两地的领导等参加了他的迁葬仪式，他的外孙宋雪君和外孙女杨朝婴分别撰文记述当时的经过。宋雪君在《丰子恺骨灰归故里》一文中说："他最大的愿望也许是早日叶落归根吧。"丰子恺骨灰归故里，是"完成了他的一个心愿"。

归去来兮！从这天起，丰子恺先生魂归故里，长眠于这片故土之下，终于可以安息了。从这天起，在他的故乡，又有了一个可以让后人缅怀凭吊的地方。

故乡重建缘缘堂

1984年春,桐乡县人民政府出于对丰子恺先生的缅怀之情,决定在原址按原貌重建缘缘堂。

一

1933年春,丰子恺在家乡石门湾亲自设计建造了缘缘堂。抗战全面爆发后,缘缘堂被侵华日军纵火烧毁。丰子恺在逃难途中,闻知缘缘堂被毁之后,悲愤交加,奋笔疾书《还我缘缘堂》等散文,痛斥日寇的暴行。他在《还我缘缘堂》一文中写道:"在最后胜利之日,我定要日本还我缘缘堂来!"这是丰先生的愤激之词,也是他对抗战必胜的坚定信念。他相信,总有一天,缘缘堂会重建。虽然,这个愿望没能在他有生之年实现,但在他去世十周年时，缘缘堂终于重新屹立于石门湾，成为后来者纪念他的重要去处。

缘缘堂的重建，得到了桐乡人民和政府部门的大力支持，也得到了丰子恺生前挚友广洽法师的热情资助，更得到了丰子恺先生家属的倾力协助，可谓天时地利人和，合力成就这一胜缘。

时间回到1983年的早春二月，丰子恺的胞妹雪雪病危，丰一吟夫妇赶到南圣浜去探病。在桐乡，他们与时任桐乡县委宣传部副部长、文化局局长吴珊见面。吴珊对丰一吟说，她快要退休了，但在退休之前要办好两件事：一是修复开放乌镇的茅盾故居，二是重建石门镇的丰子恺故居缘缘堂。

听到这个好消息，丰一吟特别高兴，故乡的人民没有忘记丰子恺。但重建缘缘堂，面临的困难也很多。首先是资金问题，其次是在原址上造屋需要协调的各种关系和房屋搬迁问题，再就是房屋规模及设计方案，都需要好好筹划。

为了筹集资金，丰一吟写信给在新加坡的广洽法师。广洽法师是丰子恺生前的挚友，他不忘旧情，很快汇来了三万元，资助缘缘堂的重建工程。重建缘缘堂的经费有了着落，但要在原址上造屋，需要各方协调和解决房屋搬迁等问题。当时，在缘缘堂原址的地基上，已建造了一个由三家印染店合并而成的"石门镇印染小组"作坊，需要搬迁，就要另外安排土地安置，还得偿付拆迁费等；加上缘缘堂建成后需要内部设施建设等，还需要一大笔资金。这些费用最后全部由桐乡县政府承担了。而造平屋的费用则由丰子恺的亲属自筹。

就这样，经过各方努力，重建缘缘堂奠基仪式终于在1984年8月10日隆重举行了。

至于重建缘缘堂的设计图纸，则由丰子恺长女丰陈宝根据自己和弟妹们的回忆，并咨询了当时经常出入缘缘堂的丰桂等人的意见绘制而成。缘缘堂基本上按原貌重建。当然，在具体建设过程中，与原来的样子还是有点出入，比如二楼原为木地板，重建时改用了水泥五孔预制板，房间的开间也小了些。重建的缘缘堂总占地300余平方米，底楼高3.8米，这个高度，包括墙门堂等式样，均是参照了当年与缘缘堂同年落成而在战火中幸存的魏家厅而定的。

因为经费有限，缘缘堂重建时分了几次才完成所有的建筑。起初，只造了南边的主屋。1985年，缘缘堂落成仪式后的第二年，加盖了北面的平屋。又因东面河边一家玻璃纤维厂尚未全部迁走，先造了两间平屋，造价五千余元，是丰家的子女卖去祖上留下来的唯一一所旧房子所得，大家共同设法凑成的。东面的一间屋和一块三角地，则是1987年由政府出资补造的。至此，缘缘堂建筑全部完成。1990年，为储藏物品的需要，当地政府又出资在缘缘堂内建造了库房。

二

1985年9月15日，在纪念丰子恺逝世十周年之际，按原貌重建的丰子恺故居缘缘堂举行了隆重的落成典礼，并对外开放。出席落成典礼的有当地政府和相关部门的各级领导,广洽法师也亲自前来参加典礼,还有来自北京、上海和浙江等地的文艺界著名人士共一百多人,以及自发来参加的数百人。那天,石门镇万人空巷,争相观看这一盛典。

重建后的缘缘堂,再现了20世纪30年代的原貌。整个建筑由三楹高楼、一个小院及后园组成。楼下中间为正厅,后壁上悬挂"缘缘堂"堂额一块。楼上三间为丰子恺的卧室和书房,基本按原样布置。整个宅院保持了原来那种高大、轩敞、淡雅、幽静的特色。青砖灰瓦,朱栏粉墙,给人以深沉朴素、恬静和谐的美感。厅内陈设,由画家唐云作的红梅图代替了原来吴昌硕的红梅图,此外,赵朴初、华君武、沙孟海、钱君匋、谭建丞等名家也

1985年重建后的缘缘堂

丰子恺故居缘缘堂近影(徐盈哲 摄)

都留有墨宝。

自1985年开放之日起,前来缘缘堂观瞻游览的中外游客络绎不绝,这里已然成为人们纪念丰子恺、开展教育活动的一个重要基地。缘缘堂的重建,是家乡人民对这位艺术家的最好纪念,更是丰子恺留给家乡人民的宝贵文化遗产。

三

缘缘堂重建后,在丰子恺的家乡桐乡,也带动了一系列纪念活动的开展和以丰子恺命名的场馆的建设。

缘缘堂东边原惇德堂的地基上，曾先后被五金社、玻纤厂、纺机厂占用，在政府的动员和组织下，1989年9月完成了动迁工作。在这500平方米的土地上，在十多个厂家资助下，建成了一座花园，与缘缘堂之间隔着梅纱弄。1998年春，桐乡市政府又以该花园为基础，再向南扩展，取消了梅纱弄，拨专款建造了一座与缘缘堂毗邻的场馆，这就是丰子恺漫画馆，于1998年11月9日丰子恺一百周年诞辰时落成开放。

丰子恺漫画馆位于石门镇后河木场桥塊，建筑面积800多平方米。展馆内有丰子恺艺术生涯陈列室、丰子恺书画精品陈列室、中国漫画名家陈列室、中国当代漫画家作品陈列室和由四十块石碑组成的丰子恺漫画碑廊等。庭院中和陈列室内还有丰子恺的雕像，并展示着他当年用过的物品等。

丰子恺漫画馆不仅成为人们缅怀丰先生的重要场所，也因为收藏了全国众多著名漫画家的漫画作品，而成了中国漫画的宝库。

四

时间匆匆，从1985年缘缘堂重建后开放至今，转眼又过去了三十六年。2021年5月1日，丰子恺纪念馆经过又一次重新改扩建后，以全新的面貌对外开放。由此，全馆由丰子恺故居缘缘堂、丰子恺漫画馆、中国·桐乡廉政漫画馆三个部分组成。

此次改扩建工程对丰子恺故居缘缘堂进行了修缮，按照"依旧修旧"的原则，对原有的丰子恺子女成就陈列室和缘缘堂模型进行了展陈升级。缘缘堂后侧的三间平屋则改造为游客服务中心,分为游客参观入口、游客接待区和文创区。

丰子恺漫画馆的展陈改造提升更是本次改扩建工程的核心内容。漫画馆建于1998年,为全国第一座专业漫画馆,由赵朴初先生题写馆名。此次展陈改造提升后,丰子恺漫画馆迎来"蝶变"。整个一楼为丰子恺生平展,以事件为点、时间为轴,共分为"童年乡缘""负笈求缘""艺坛胜缘""逃难奇缘""还乡情缘""盛世之缘""浩劫终缘"和"艺术人生"八个篇章,重点介绍了丰子恺艺术的一生。同时,展厅内多处利用了"卡片人"的展示形式,使丰子恺的画作更具立体感。

中国·桐乡廉政漫画馆位于缘缘堂西侧,为一座新改建的独

丰子恺漫画馆

第七章 ● 留给故乡的印记

丰子恺漫画馆（束红云 摄）

立建筑，仿照缘缘堂的设计风格，展厅面积约80平方米，展出中国·桐乡廉政漫画大展历届精选作品。

　　人生短，艺术长。当你从木场桥缓步走进修缮一新的丰子恺纪念馆时，一定会有耳目一新的感觉。

凤凰湖畔的丰子恺艺术中心

2019年9月15日,是丰子恺逝世四十四周年纪念日。就在前一日,丰子恺艺术中心意向签约暨《丰子恺画文集》捐赠仪式在桐乡市博物馆举行。在仪式上,桐乡市人民政府与达好投资有限公司签订了丰子恺艺术中心意向书。由此,丰子恺艺术中心建设项目开始启动。

作为丰子恺的故乡,桐乡自然是丰子恺艺术最好的传承地,丰子恺元素是"风雅桐乡"的鲜明标识。而丰子恺艺术中心的建设,将成为桐乡又一个新的文化地标。

丰子恺的嫡孙、上海黄浦区丰子恺研究会执行会长、达好投资有限公司董事丰羽在签约仪式上表示:"作为丰家后人,我们欣喜地看到有越来越多的人开始走近、认识、欣赏丰子恺的作品,我们也将尽自己的绵薄之力,尽可能发掘、研究、展示更多丰子恺的艺术价值回馈社会,实践'人民艺术为人民'的初心。"

2019年12月,桐乡市第十四届党代会第四次会议报告中,将丰子恺艺术中心建设列为2020年要突出抓好的"十件大事"之一。

2020年12月28日,桐乡市丰子恺艺术中心奠基仪式在凤凰湖畔举行。

丰子恺艺术中心位于凤凰湖西南侧,项目总用地面积约6.97万平方米,总建筑面积约20.5万平方米,地上建筑面积11.5万平方米,地下建筑面积9万平方米,项目投资约15.52亿元。

艺术中心的主要建设内容为美术馆、音乐厅、会议中心、酒

丰子恺艺术中心奠基仪式

店等。建筑设计与丰子恺作品单纯朴实的表现形式、包罗万象的创作内容、纤细敏锐的人文关怀相呼应，以单纯的外形、丰富的内涵，呈现日月、光影、刚柔、生机的自然协调。该中心建成后，集艺术展示、研究办公、文艺创作、音乐欣赏、大型会议、餐饮住宿等综合功能，将进一步完善城市公共文化设施配套，丰富市民日益增长的美好生活需要，有效提升桐乡东部科技新城活力。

未来，桐乡将借助这一载体，更系统地展现丰子恺先生艺术的一生，让更多人走进他的艺术世界，感受"风雅桐乡"的人文情怀，让丰子恺的艺术作品、艺术思想等发扬光大、享誉世界。

丰子恺艺术中心的建设也得到了丰家后人的大力支持。丰子恺的嫡孙丰羽将收藏的五百二十件丰子恺书画作品、手稿、书信等文物，存放于建成后的丰子恺艺术中心。

此外，另一个以丰子恺命名的项目——桐乡市子恺学校（小学部）新建项目的开工仪式，作为桐乡市2020年第二批重大项目集中开竣工活动之一，于2020年3月20日在项目施工现场顺利举行。

桐乡市子恺学校位于市区乌镇大道西侧，梧桐港南，秋梧路北侧，是一所九年一贯制学校，率先开工的是小学部。其中，小学部总投资约1.9亿元，建设用地58亩，总建筑面积约48077平方米，有教学楼、体育馆、地下停车场等校园建筑，计划建设成36个班级的规模。

作为一所全新的公办学校，子恺学校落户桐乡市区，在增加

丰子恺艺术中心效果图

资源供给、优化均衡布局,帮助市民实现在家门口就能享受优质教育资源的同时,也将进一步推动桐乡教育事业高质量发展,全力打造"学在桐乡"的教育品牌。这也是"风雅桐乡"建设的一个重要组成部分。

潇洒"丰神"余韵长

当年,国学大师马一浮先生曾有《赠丰子恺》诗赞曰:"昔有顾恺之,人称三绝才画痴;今有丰子恺,漫画高才惊四海。……"

诚哉斯言。丰子恺的名字,早已家喻户晓。丰子恺的漫画、随笔,耳熟能详。无论专家学者还是普通读者,皆视其为知己,乐于做一个"丰迷"。几十年来,越来越多的人喜欢他、怀念他、学习他、研究他,代代传承,无有穷尽。潇洒"丰神",那是他个人的魅力,更是艺术的魅力。

一

在丰子恺的家乡桐乡,从丰子恺研究会的建立,石门缘缘堂的重建,丰子恺漫画馆、子恺画院、丰子恺漫画学校、子恺学校、丰子恺艺术中心等以丰子恺名字命名的学校、场馆的建设，丰子恺散文奖、丰子恺漫画展等各种奖项、活动的设立和开展，到关于丰子恺研究等书籍的编撰出版，对丰子恺的纪念、研究和宣传，蔚然成风，影响深远。

丰子恺留给这个世界、留给故乡的文化遗产，又何止是漫画与随笔，更多的是一种精神引领和德艺双馨的标杆。因此，在桐乡，围绕他展开的宣传教育、学术研究和学习推广，以及对其艺术精神的传承与弘扬，业已成为"风雅桐乡"建设的重要内容和文化主题。

如今，当你走进丰子恺的家乡时，在各类公共场所，街头巷尾，到处可以看到丰子恺的宣传漫画。丰子恺元素无时不在，无处不在。他的作品，可以说是家喻户晓，人见人爱。他那爱国爱家的炽热情怀，时刻牢记作为艺术家的社会责任和时代使命，平凡、朴素却又深邃、真挚的赤子之心和无边大爱，深深镌刻在桐乡人民的心里，影响着一代又一代的人。

对先贤最好的纪念，是传承。打开一幅幅熟悉的漫画，翻看那百读不厌的《缘缘堂随笔》，丰子恺笔下的家乡、亲人以及他所爱着的有情世界，无不浸润着平淡悠长的江南韵味。

二

在桐乡，子恺艺术的传承弘扬已成常态。

从20世纪二三十年代开始，丰子恺就以他那别具一格、反映现实、充满幽默、富有哲理的漫画享誉海内外。他的漫画寥寥几笔，却包含着人生滋味和人间冷暖，诠释了现代文人的家国情怀，给人们带来生活的希望和情趣。他的漫画在简单的笔调中，画出了普通老百姓的生活，浅显易懂，具有广泛的群众基础，并以小见大，传递真善美，很适合做公益宣传。从2013年开始，中宣部、中央文明办采用丰子恺的百余幅画作，制作成"讲文明树新风"公益海报，在全国城乡张挂，街头、地铁等公共场所，处处可见。除公共场所外，全国各大报纸、电视台、网络平台上也都有大量登载，丰子恺的画作插上了文明的翅膀，飞遍全国。而在丰先生的故乡桐乡，从争创全国"漫画之乡"、举办与丰子恺相关的活动、倡导丰子恺艺术进校园到开创以子恺文化为主题的文创产品等，一直在全方位地宣传弘扬丰子恺艺术。

首先，争创全国"漫画之乡"。

2001年10月，文化部批准命名桐乡为"中国民间文化艺术（漫画）之乡"。同年，桐乡创办了全国第一本县级市主办的漫画刊物《缘缘漫画》。2014年，子恺画院作为桐乡市文化中心的重要组成部分正式落成，成为有特色的漫画艺术专业机构。

在桐乡境内，以乌镇大道、庆丰路等主干道为重点，打造了丰子恺漫画大道，让外地人一走进桐乡，便能感受到漫画艺术的魅力，这也是生动展现子恺文化的一种特别方式。走在桐乡的大街小巷中，子恺漫画公益广告随处可见，文创产品频频亮相各类文创展，子恺文化早已融入这座城市的灵魂。在桐乡城乡新建的伯鸿城市书房和乡村书屋，也融入了丰子恺的元素，成为广大读者了解"风雅桐乡"的绝佳窗口。

在石门镇上,丰子恺故居缘缘堂、子恺路、子恺小镇、子恺漫画村等,各种包含子恺元素的人文主题建设随处可见,成为这个小镇的重要文化标识。

可以说,子恺文化的基因,浸润、滋养了桐乡大地,已成为"风雅桐乡"的一张文化金名片。

其次,举办丰子恺散文奖和"子恺杯"中国漫画大展这两个在全国有影响力的评奖活动和展览。

丰子恺散文奖(第一届称"全球丰子恺散文奖",第二届称"丰子恺中外散文奖",第三届称"丰子恺散文奖"),由桐乡市人民政府与《美文》杂志社联合主办(第三届由桐乡市人民政府与

2017年11月8日,第二届丰子恺中外散文奖颁奖典礼在桐乡举行

作家出版社联合主办），从2015年开始举办，每两年一届，目前已举办了三届，吸引了国内外无数散文爱好者和著名作家的积极参与。

"子恺杯"中国漫画大展由桐乡市人民政府与中国美术家协会漫画艺术委员会共同主办，每两年一届，起初在北京等地举办，从2008年第七届开始移师到桐乡举办，目前已成功举办十二届，吸引了全国各地漫画创作者的积极参与。这是目前国内最具有号召力和影响力的漫画展览活动之一。

此外，桐乡还连续举办了五届中国·桐乡廉政漫画大展。丰子恺一生淡泊名利、爱憎分明、善良正直，他的漫画化繁为简，意在笔外，令人百看不厌，妙不可言。桐乡深厚的漫画文化底蕴孕育了桐乡廉政漫画。从2007年开始，桐乡市每三年举办一届中国·桐乡廉政漫画大展，颂扬真、善、美，鞭挞假、恶、丑，为"风雅桐乡"更添清廉底色，并已成为浙江省廉政文化的一个品牌。

同时，丰子恺漫画还走出了国门。2018年4月，"子恺杯"中国漫画展暨浙江省桐乡市漫画作品展亮相日本东京，引来诸多关注，展览获得成功。这不仅增进了世界对中国、对桐乡的了解，也让中日两地文化有了更深的交流。

其三，各类纪念活动精彩纷呈。这些年来，在纪念丰子恺逝世或诞辰的重要节点上，桐乡与上海等地联动，不定期举办各种形式的丰子恺漫画作品展、丰子恺主题艺术展、丰子恺艺术特展等。如2018年举办的丰子恺诞辰一百二十周年系列大展，分别于北京、香港、杭州、桐乡等地举办四场展览,社会反响热烈,又一次掀起了一股丰子恺热潮。尤其是北京的展览,参观人数超过八万人次,盛况堪比当年展出《清明上河图》,足见丰子恺的艺术魅力和广泛影响力。

在丰子恺的家乡桐乡,举办了纪念丰子恺诞辰一百二十周年系列活动,包括丰子恺先生诞辰一百二十周年纪念大会暨"我自爱桐乡——丰子恺艺术省亲之旅""高山仰止、赓续绵绵——丰一吟宋菲君书画联展"和"纪念丰子恺诞辰一百二十周年全国书画名家作品展"等,现场火爆,参观者众多,宣传弘扬丰子恺艺术又进入一个新阶段。

2018年11月,"我自爱桐乡·丰子恺艺术省亲之旅"在桐乡举行

桐乡还把子恺文化与百姓喜闻乐见的戏剧和年味活动相结合。2005年，丰子恺逝世三十周年，桐乡文化艺术中心排演了情景剧《故乡情》，生动再现了丰先生1975年最后一次回石门省亲的故事。《故乡情》获得了嘉兴市"五个一工程"奖。此后，又排演了《大师情》《患难与真情》《逃难记》等一系列展现丰子恺风采的戏剧作品。2019年1月30日，石门镇举办了一场"子恺故里寻年味"活动，生动展现了丰子恺笔下的新年风味。

其四，丰子恺艺术进校园活动持续开展。这些年来，在基层、在民间，丰子恺艺术进校园、进社区，蔚然成风。丰子恺故里的许多中小学校，以传承丰子恺艺术为载体，推进"风雅桐乡"建设，文化传承显魅力。在桐乡的中小学校中，从小朋友们创作的一幅幅生动的漫画中，可以看到丰子恺艺术的未来。

2000年，桐乡市凤鸣小学被命名为全国唯一的丰子恺漫画学校，并每年举行丰子恺故里漫画周活动，用丰先生的治学精神继续激励桐乡儿童健康成长。学校创建了以子恺漫画特色教育为主，"子恺文学、童心子恺"为辅的校本课程，每一个从该校出去的学生，都会自豪地告诉别人"我会画丰子恺漫画"。

石门镇中心小学也大力弘扬子恺文化，传承石门湾的乡土情。从2018年开始，该校将丰子恺的散文列入语文拓展课中，任课老师带领学生们一同朗读丰子恺散文，开展拓展活动，在教学中弘扬、融合子恺文化，把这份乡土情代代传承下去，更让其成为滋养莘莘学子的一片沃土。

石门路学校则把竹刻作为特色课程进行开发学习，并结合丰子恺艺术创作的特点,探索美术特色之路。2019年6月,该校的竹刻丰子恺漫画作品亮相嘉兴文化产业博览会,受到各方好评。

桐乡还把丰子恺等文化名人编入《可爱的家乡》《风雅桐乡》等乡土教材中,成为各中小学校的校本教材,并多次举办以"永远的丰子恺"等为主题的中小学生作文比赛等。

其五,开发以子恺文化为主题的文创产品,名声在外。丰子恺漫画注重创新,贴近基层,贴近群众,贴近时代,特别接地气,因此最容易为大众接受,具有恒久的生命力。在丰子恺的家乡,一些文创品牌以大家耳熟能详的丰子恺漫画为元素进行设计,对普通的丝巾、茶具、折扇等日常物品重新进行包装,赋予它们文化的味道,小到一把花扇,大到瓷器,每一件作品都将子恺漫画的元素巧妙地融入其中,深受各界欢迎。近年来,以子恺文化为主题的文创产品,在各类文化产业博览会上频频亮相,获得好评。

缘缘无尽,新生重光。这些年来,桐乡正在通过各种载体和途径,宣传普及丰子恺艺术,让他留下的宝贵精神财富持续在这片土地上发扬光大,以文化人,以文惠人。

三

在桐乡,丰子恺学术研究蔚然成风。

丰子恺不仅是现代漫画的鼻祖,而且他一生在音乐、美术、书法、文学、教育、翻译等各个领域,都有极高的造诣,成绩斐然,是难得的全才,值得后人好好研究。丰子恺去世后,丰子恺研究工作一直很热门。1984年8月19日，在他居住时间最长的上海，丰陈宝、丰一吟等发起成立了丰子恺研究会，印发简报《杨柳》。2010年，上海卢湾区丰子恺研究会（后改为黄浦区丰子恺研究会）正式成立。1996年11月9日，丰子恺诞辰九十八周年时，浙江省金华县丰氏祖地汤溪镇成立了金华县丰子恺研究会。1997年10月30日，在丰子恺的第二故乡杭州，杭州师范学院（2007年更名为杭州师范大学）成立了弘一大师·丰子恺研究中心。

子恺艺术，是开展学术研究的一座丰富宝藏。在桐乡，丰子恺研究一直在继续。

1992年，桐乡县（1993年撤县设市）成立了丰子恺研究会，归属桐乡县文联，编印简报《杨柳》，并与上海的丰子恺研究会、杭州的弘一大师·丰子恺研究中心密切合作，开展学术交流。研究会成立近三十年来，会员队伍不断壮大，经常组织或参与纪念丰子恺的系列活动，为研究与弘扬丰子恺艺术做出了应有的贡献。

丰子恺去世后，国内外重新出版的他的书版本非常多，据不完全统计多达一百六七十种，研究介绍他生平作品的书也有近百种，以丰子恺生平和作品为主要内容的电视纪录片也有十多部。尤其在丰氏亲族的共同努力下，编撰出版研究介绍丰子恺生平、作品的成果尤为突出，如《丰子恺文集》《丰子恺漫画全集》《丰子恺全集》等先后出版，为丰子恺研究者提供了完备的参考文本。

在桐乡，近三十多年来，也有许多"丰迷"，如钟桂松、叶瑜荪、徐春雷、张振刚、徐玲芬等，他们致力于丰子恺研究，编撰出版大量相关书籍,成为丰子恺研究工作的重要组成部分,成果斐然。钟桂松编撰出版了《丰子恺:含着人间情味》、《丰子恺:水光山色与人亲》、《丰子恺与杭州》、《幸有我来山未孤——丰子恺画传》、《写意丰子恺》(与叶瑜荪合编)、《丰子恺的青少年时代》、《与丰子恺侃缘缘堂》、《沙坪的酒》等。叶瑜荪编撰出版了《缘缘堂子女书》、《漫话丰子恺》、《丰子恺故里石门湾》(与徐春雷合编)等。徐春雷编撰出版了《丰子恺漫画与故乡风情》等。张振刚出版了《逃难记:章桂和丰子恺的风雨人生》等。徐玲芬编撰出版了《江南物事》《缘缘堂主——丰子恺与故乡》《门对孤山——丰子恺与杭州》《日月楼中——丰子恺与上海》《丰一吟序跋集》《我与丰一吟》等相关著作。此外,还有徐春雷编的《桐乡文艺》"纪念丰子恺诞辰一百周年专刊",夏春锦编的《梧桐影》"丰子恺及其子女专辑"等。还有许多相关著作,这里不一一

钟桂松著《丰子恺与杭州》

叶瑜荪编《缘缘堂子女书》

徐春雷编《桐乡文艺》"纪念丰子恺诞辰一百周年专刊"

郑彭年著《漫画大师丰子恺》　　崔东明、徐玲芬主编《我与丰一吟》　　徐玲芬著《门对孤山》

张振刚著《和丰子恺逃难的日子》等

《缘缘堂的故事》等

罗列。

桐乡市委宣传部、文化局与相关单位联合拍摄了《丰子恺》等多部有关丰子恺的电影和宣传专题片。

综观桐乡人开展的丰子恺研究，一个明显的特点就是重乡情，把艺术家丰子恺放在江南水乡这个大背景下，放在培育他成长的桐乡这块人杰地灵的热土上，显然更有底气，也更接地气。

四

在桐乡，丰子恺的人格精神成为大众学习的典范。

文化是城市的灵魂，风雅是桐乡的气质。近几年，桐乡提出以文塑城，高水平打造"风雅桐乡"，提升人文桐乡的文化标识度，加快打造名副其实的风雅之城。而丰子恺这样的文化名人，是不可多得的文化宝藏，正是"风雅桐乡"的形象代言和鲜明标识。

作为丰先生的故里，桐乡是丰子恺艺术精神最好的传承地。时至今日，丰子恺的影响力依然经久不衰。从他的作品中，我们可以发现、感悟真善美，汲取源源不断的精神力量。

丰子恺的人格精神内涵丰富，富有特质。其中包含他的人生观、艺术观和价值观，他的爱国、爱家、爱民的赤子之心，他对人、对事、对己的行为准则，他的学识才情、能力气质，以及他的家风家训、家庭教育等各个方面，都是大众学习的典范。在桐乡，人们普遍地喜爱丰子恺的作品，敬仰他的人品和艺术精神，宣传和弘扬子恺文化，成为发自内心的文化自觉。无论是学习丰先生如何刻苦做学问，学习别具特色的子恺漫画、子恺书法和缘缘堂随笔，还是学习他"先器识而后文艺"的为人处世之道，都其乐无穷。

丰子恺在《学会艺术的生活》一文中说："认识千古大谜的宇宙与人生的，便是这个心。得到人生的最高愉悦的，便是这个心。赤子之心。"

确实如此，纵观丰子恺的艺术人生，子恺文化的精髓，就是这个赤子之心，抽离了这个赤子之心，就没有我们所喜爱的漫画和随笔的灵魂了。

文化的力量最终可以转化为物质的力量，文化的软实力最终可以转化为经济的硬实力。在桐乡，一个丰子恺，也将会继续影响一代又一代桐乡人。这就是丰子恺的艺术魅力，这就是文化传承的巨大力量。

参考书目

1. 丰华瞻、殷琦编：《丰子恺研究资料》，宁夏人民出版社1988年11月版。

2. 丰子恺著，丰陈宝、丰一吟、丰元草编：《丰子恺文集·艺术卷》，浙江文艺出版社、浙江教育出版社1990年9月版；丰子恺著，丰陈宝、丰一吟编：《丰子恺文集·文学卷》，浙江文艺出版社、浙江教育出版社1992年6月版。

3. 丰一吟著：《潇洒风神——我的父亲丰子恺》，华东师范大学出版社1998年10月版。

4. 钟桂松、叶瑜荪编：《写意丰子恺》，浙江文艺出版社1998年8月版。

5. 丰陈宝、丰一吟编：《丰子恺漫画全集》，京华出版社2001年4月版。

6. 盛兴军主编：《丰子恺年谱》，青岛出版社2005年9月版。

7. 丰一吟著：《我的父亲丰子恺》，团结出版社2007年1月版。

8. 丰一吟著：《我和爸爸丰子恺》，百花文艺出版社2008年10月版。

9. 丰陈宝等著：《缘缘堂子女书》，大象出版社2008年11月版。

10. 丰一吟著：《天于我，相当厚——丰子恺女儿的自述》，上海远东出版社2009年1月版。

11. 钟桂松著：《钱君匋画传》，浙江大学出版社2012年4月版。

12. 叶瑜荪著：《漫话丰子恺》，浙江古籍出版社2017年8月版。

13. 丰子恺、宋菲君著：《爱的教育：丰子恺艺术启蒙课》，中信出版集团2019年3月版。

14. 丰宛音著：《世上如侬有几人——丰子恺逸事》，中国青年出版社2016年1月版。

15. 丰子恺著：《丰子恺全集》，海豚出版社2016年版。

16. ［澳］白杰明著，贺宏亮译：《丰子恺：此生已近桃花源》，浙江人民出版社2019年5月版。

17. 徐春雷著：《丰子恺漫画与故乡风情》，中国文联出版社2005年7月版。

18. 陈星撰著：《丰子恺年谱长编》，中国社会科学出版社

2014年11月版。

19. 汪家明著：《立尽梧桐影：丰子恺传》，中华书局2014年9月版。

20. 丰羽编：《丰子恺家书》，生活·读书·新知三联书店2020年9月版。

21. 吴达、杨朝婴、宋雪君、杨子耘编著：《封面子恺》，黄山书社2020年10月版。

22. 杨子耘、马永飞、宋雪君主编：《星河界里星河转：丰子恺和他的朋友们》，上海文化出版社2019年8月版。

后　记

庚子春，新型冠状病毒疫情暴发，打乱了人们的日常生活。大家居家隔离，人人自危。如今，国内疫情渐渐缓解，但从世界范围来看，情况仍不容乐观。

宅在家中的这几个月里，我倒是静下心来做了一些以前没时间做的事情，比如读书写作。而这本十多万字的《缘缘堂主——丰子恺与桐乡》，便是这几个月来的成果。

我是一个"丰迷"，从大学时代接触并喜爱上丰子恺先生的作品后，至今已有三十多年了。三十多年来，我对他的作品兴趣不减，工作之余研读不辍。他的随笔和漫画作品，让人百读不厌，常阅常新。从2003年开始，我创作的《江南物事》一书，就是受了缘缘堂随笔的启发，书中罗列的近百种江南的寻常物事，都曾在丰子恺笔下出现过，此书于2009年正式出版，2014年再版。

后　记

2017年我创作出版了《门对孤山——丰子恺与杭州》一书。2019年，在纪念丰子恺先生一百二十周年诞辰、丰一吟老师九十岁生日之际，我又编辑出版了《丰一吟序跋集》和《我与丰一吟》等书籍，在丰子恺研究方面略尽绵薄之力。

《门对孤山——丰子恺与杭州》出版后，我一直计划着要写一部有关丰子恺与故乡的书，便陆续搜集了许多相关资料，并着手撰写。因之前积累的素材较多，且我对丰先生的生平作品都很熟悉，写作很顺利，仅仅五个多月，便完成了初稿，之后几经修改并定稿。

丰子恺先生曾在《乡愁与艺术》一文中，专门论述了中西方文化中乡愁与艺术之间的关系以及人类共通的乡愁观念。我写《缘缘堂主——丰子恺与桐乡》这本书，主题自然是围绕丰子恺先生与故乡的相聚与别离，旨在写出这种人类共通的永恒情怀——乡愁。乡愁，可以说是贯穿全书的一个关键词。丰子恺先生尤其眷恋从小生活过的故乡石门湾，后来外出读书工作之余，时常回乡省亲。他还用稿费在故乡建造了缘缘堂，想在家乡的怀抱里，著述、画画，与家人共享天伦，安度余生。谁知抗战全面爆发，他不得不逃离故土。后缘缘堂被毁，他在故乡连落脚的地方也没有了，情何以堪！新中国成立后，他虽长居上海，但故乡在他心头从来没有因此而褪色，反而在他的笔下更加鲜活起来。读他晚年的漫画和随笔，随处可以看到这位艺术家的无限乡愁。

本书在体例和章节布局上，参照《门对孤山——丰子恺与杭州》一书，并与之相衔接，联袂组成姐妹篇。不仅如此，还在每一章的开头加上一段内容提要，便于阅读，并配上原创小诗一首，以增强全书的诗意和美感。

在叙述方式上，本书跟我以前撰写许多文化普及读本的初衷仍一脉相承，力求做到语言平实，深入浅出，适合大众阅读，利于普及推广。

因为喜欢，所以写作。创作此书，是我特别愉快的一次写作体验，也是我发自内心想写，且深思熟虑的计划。为自己喜爱的作家写传记，是一件幸福的事；且丰子恺先生又是我的同乡前辈，因此写作的过程中更有许多感同身受之处。虽然，丰子恺先生的作品早已家喻户晓，但作为一个"丰迷"，又是从家乡人的角度写家乡人，似乎更容易走近大师。更何况，目前，专门写丰子恺与故乡的书还没有过，因此，这本书，也算是填补了一个空白。2020年，是丰子恺先生逝世四十五周年，我有缘写成这部书，以表达对先生的崇敬与怀念。

在此，我要感谢中共桐乡市委宣传部、市文化局、市文学艺术界联合会将此书列入2020年文化精品扶持项目，感谢石门镇党委、石门镇人民政府和丰子恺纪念馆（石门缘缘堂）的大力支持。同时，也感谢浙江文艺出版社的各位老师为出版本书付出的努力。书中的配图，一部分出自《丰子恺漫画全集》，一部分由丰子恺先生的后人和缘缘堂提供，经丰子恺外孙杨子耘先生授权同意使用；此外，还有徐建荣、束红云、徐盈哲等的摄影作品，在此一并表示感谢！

最后，还要感谢丰子恺先生的外孙宋菲君先生为"丰子恺缘缘三部曲"题写丛书名，感谢丰子恺先生的嫡孙丰羽、外孙杨子耘和宋雪君等各位老师的大力推荐和支持。

相识皆是缘，尽在不言中。但愿这一本小书，能给喜爱丰子恺的广大读者们带来一点小欢喜，我也就心满意足了。

徐玲芬

2020年11月于浙江桐乡